基于服务视角下的
现代酒店管理研究

王瑾 著

中国广播影视出版社

图书在版编目（CIP）数据

基于服务视角下的现代酒店管理研究 / 王瑾著. -- 北京：中国广播影视出版社，2024.5

ISBN 978-7-5043-9227-5

Ⅰ. ①基… Ⅱ. ①王… Ⅲ. ①饭店－商业企业管理－研究 Ⅳ. ①F719.2

中国国家版本馆 CIP 数据核字（2024）第 095892 号

基于服务视角下的现代酒店管理研究
王　瑾　著

责任编辑	王　佳　夏妍琳
装帧设计	马静静
责任校对	张　哲
出版发行	中国广播影视出版社
电　　话	010-86093580　010-86093583
社　　址	北京市西城区真武庙二条 9 号
邮　　编	100045
网　　址	www.crtp.com.cn
电子信箱	crtp8 @ sina.com
经　　销	全国各地新华书店
印　　刷	北京亚吉飞数码科技有限公司
开　　本	710 毫米 ×1000 毫米　1/16
字　　数	238（千）字
印　　张	15
版　　次	2025 年 1 月第 1 版　2025 年 1 月第 1 次印刷
书　　号	ISBN 978-7-5043-9227-5
定　　价	68.00 元

（版权所有　翻印必究·印装有误　负责调换）

前　言

　　作为对外开放的重要产业之一,我国酒店业在过去几十年中经历了显著的转型和发展。通过这种转型,酒店业已经逐渐从单纯的服务接待型向更为成熟的产业经营型转变,这一转变不仅体现在产业规模的不断扩大,同时也反映在管理水平和服务质量的显著提升。这种转变在促进社会进步和经济发展方面的作用日益突出,同时也为拓宽就业渠道作出了积极贡献。在这个过程中,我国酒店业的国际接轨程度也得到了显著提高,这一特点使得我国酒店业能够更好地融入全球市场,与国际同行展开更广泛的合作和竞争。

　　在取得一定成就的同时,酒店业也面临着市场化、消费化、技术化、生态化和个性化的新时代所带来的前所未有的发展机遇和许多新的挑战。在价格、质量、服务等方面的竞争日益激烈,许多酒店因此陷入了微利甚至亏损的困境。为了适应市场变化,广大酒店从业人员和相关人员必须认真面对并深入研究如何根据酒店的外部环境和内部条件,探寻一种能够适应市场变化的管理模式。这是一个重要的课题,也是决定酒店能否在市场上取得成功的关键因素之一。鉴于此,特撰写了本书。

　　本书共包括十章内容。第一部分共包括三章内容,分别对服务的重要性、酒店概述以及酒店管理的基础知识进行了简要阐述。第二部分共包括七章内容,分别对服务视角下的酒店业务管理、酒店服务质量管理、酒店业营销管理、酒店人力资源管理、酒店安全管理、酒店公共关系管理以及酒店集团化管理进行了探讨。总体来说,全书叙述脉络清晰,注重知识的系统性、权威性、前沿性和实用性,具有鲜明的时代特色和酒店业的行业特色,相信本书的出版能够为酒店管理研究者和学习者提供一些新的思考方向。

　　本书在撰写过程中,参考了一些有关酒店管理方面的著作,也引用了不少专家和学者的研究成果,在此一并表示衷心的感谢。由于作者水平有限,书中难免存在不足之处,恳请各位专家学者批评指正,以便日后的修改与完善。

南京晓庄学院　王瑾
2023 年 7 月

目　录

第一章　服务的重要性……………………………………………… 1
　　第一节　什么是服务………………………………………………… 2
　　第二节　服务质量对酒店管理的重要性………………………… 7
　　第三节　服务质量、客户满意度和价值之间的关系 ………… 10

第二章　酒店概述…………………………………………………… 12
　　第一节　什么是酒店………………………………………………… 13
　　第二节　酒店的发展历史…………………………………………… 23
　　第三节　今天的酒店业……………………………………………… 27

第三章　酒店管理…………………………………………………… 34
　　第一节　酒店管理的内涵…………………………………………… 35
　　第二节　酒店管理的职能和方法…………………………………… 40

第四章　服务视角下的酒店业务管理…………………………… 48
　　第一节　前厅管理…………………………………………………… 49
　　第二节　客房管理…………………………………………………… 62
　　第三节　餐饮管理…………………………………………………… 72
　　第四节　康乐管理…………………………………………………… 84

第五章　酒店服务质量管理……………………………………… 91
　　第一节　酒店服务质量概述………………………………………… 92
　　第二节　酒店服务质量管理的内容………………………………… 96

第三节	酒店服务质量管理的方法	103

第六章　酒店业营销管理　109

第一节	酒店营销概述	110
第二节	目标市场的选择与定位	117
第三节	营销组合策略研究	121

第七章　酒店人力资源管理　136

第一节	人力资源管理概述	137
第二节	人力资源的开发和利用	151
第三节	人力资源的激励	164

第八章　酒店安全管理　168

第一节	酒店安全管理概述	169
第二节	酒店安全管理要点分析	178
第三节	酒店危机管理	187

第九章　酒店公共关系管理　193

第一节	酒店公共关系概况	194
第二节	公共关系专题活动研究	201

第十章　酒店集团化管理　208

第一节	酒店集团概述	209
第二节	酒店集团发展历程	217
第三节	酒店集团化管理的模式	219

参考文献　227

第一章

服务的重要性

服务在现代社会中具有重要意义。企业需要重视服务,提高服务质量和水平,以满足客户需求、创造利润、树立品牌形象和提高员工素质。本章即对服务的相关知识进行简要阐述。

第一节 什么是服务

一、服务的概念

服务是指一方能够向另一方提供的任何一项活动、过程和结果。它的本质上是无形的,并且不会造成所有权的转移。服务的生产可能与实际产品有关,也可能无关。服务不仅是一种活动,而且是一个过程,还是某种结果。

二、服务的特点

服务的特点主要包括以下几方面(图1-1)。

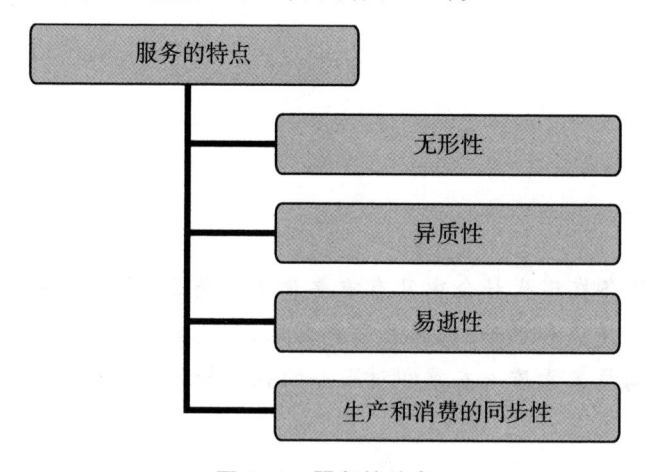

图1-1 服务的特点

(一)无形性

服务是一种无形的体验,它是由一系列活动所组成的过程。服务的质量和价值是通过服务提供者的行为、态度和专业程度来实现的。服务提供者的专业技能、服务态度和行为举止都会对服务的质量和价值产生影响。同时,消费者的体验也与服务提供者的行为和态度密切相关。

与有形商品不同的是,消费者无法通过拥有所有权来获得服务的价值。相反,消费者需要与服务提供者进行互动,以便获得服务的价值。在这个过程中,消费者的体验和评价也会影响他们对服务质量和价值的感知。

由于服务的无形性,消费者往往需要通过其他方式来了解服务的质量和价值。例如,他们可以通过其他人的口碑或者服务提供者的宣传来了解服务的质量和价值。因此,服务提供者需要注重品牌形象和服务质量的提升,以便让消费者信任并选择自己的服务。

(二)异质性

服务的异质性是服务产业的一个重要特征。由于每个人的需求和偏好都不同,因此每一次提供的服务都应该是个性化的。此外,服务提供者和消费者之间的互动也会对服务的结果产生重要影响。

在服务的生产和消费过程中,有许多因素会导致服务的异质性。例如,服务提供者的专业技能和经验、服务环境、消费者的需求和期望,以及服务提供者和消费者之间的沟通等。这些因素的不同组合,会导致每次提供的服务都有所不同。

此外,服务的质量也会因为各种因素而有所不同。例如,服务提供者可能会有不同的服务质量标准,或者在提供服务时可能会有不同的表现。消费者的需求和期望也会影响服务质量,因为如果消费者对服务的要求较高,那么服务质量也会相应提高。

(三)易逝性

由于服务无法被储存、转售或退回,一旦服务提供者无法满足消费者的需求,这些服务就会白白浪费,无法被利用。所以说,服务具有易逝性的特点。

与有形商品不同,服务无法像有形商品那样进行仓储和运输。因此,服务的分销渠道和性质也与有形商品存在很大的差异。由于服务的易逝性,服务提供者需要准确预测市场需求,并制定创造性的计划,以便满足消费者的需求。

在制定计划时,服务提供者需要考虑多种因素,如市场需求、人员配备、时间安排和成本等。同时,服务提供者还需要根据消费者的需求和反馈,不断改进和优化服务流程和质量,以提高消费者的满意度和忠诚度。

(四)生产和消费的同步性

大部分服务都是先销售,同时进行生产和消费,也就是在顾客到达现场后,服务立即开始生产和提供。由于服务的生产和消费同时进行,顾客会在现场观察甚至参与到生产过程中,因此顾客与服务提供者之间的互动会直接影响服务的结果和消费者的体验。

此外,多名顾客共同消费也会相互作用,从而影响彼此的体验。例如,一家餐厅的用餐体验会受到其他顾客的影响,顾客可能需要等候座位或者与其他顾客共用空间,这些因素都会对消费者的体验产生影响。

因此,为了提供高质量的服务,服务提供者需要关注同步性和相互作用带来的影响。他们需要设计合理的服务流程和布局,以减少顾客之间的相互影响,同时提高服务效率和质量。此外,服务提供者还需要培训员工如何与顾客进行沟通和交流,以增强顾客的满意度和忠诚度。

三、服务的作用

服务的作用主要包括以下几方面(图1-2)。

(一)维系与客户之间的关系

维系与客户之间的关系,可以增加客户对企业的好感度和忠诚度,这是服务的一个重要作用。以下是一些实现方式。

1. 提供优质的产品和服务

企业提供优质的产品和服务,可以使客户对企业的好感度增加,并愿意继续与企业合作。如果客户得到的产品或服务不好或者有缺陷,客户的满意度会大大降低,好感度和忠诚度也会随之下降。

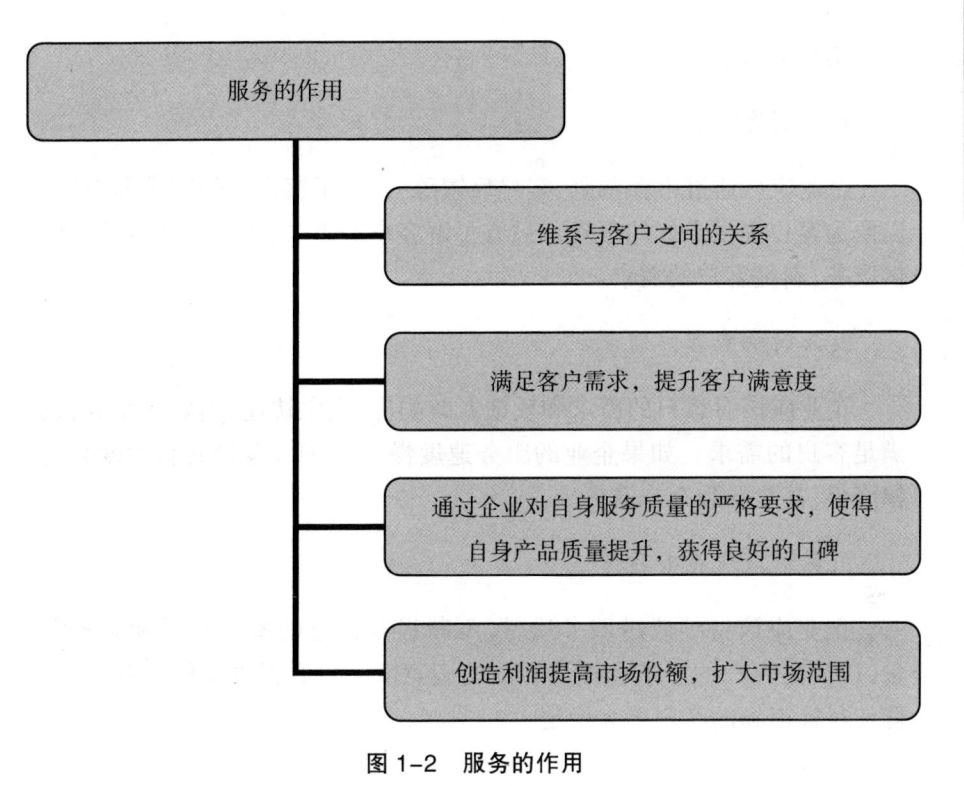

```
┌─────────────┐
│  服务的作用  │──┬──┤ 维系与客户之间的关系 │
└─────────────┘  │
                 ├──┤ 满足客户需求，提升客户满意度 │
                 │
                 ├──┤ 通过企业对自身服务质量的严格要求，使得
                 │    自身产品质量提升，获得良好的口碑 │
                 │
                 └──┤ 创造利润提高市场份额，扩大市场范围 │
```

图 1-2　服务的作用

2. 与客户保持沟通

企业需要与顾客保持沟通，以便及时了解顾客的需求和反馈，并尽快采取相应的措施解决问题。通过有效的沟通，企业可以更好地理解顾客的需求和偏好，从而能够提供更加符合顾客需求的优质服务和产品，以此增加顾客的好感度和忠诚度。良好的沟通能够建立起顾客与企业的信任，提升顾客的满意度，从而促进企业的长期发展。

3. 提供个性化的服务

企业可以根据客户的需求和偏好，为客户提供个性化的服务，使客户感受到企业的关注和关心。例如，为客户提供定制化的产品和服务、为客户制定专业的解决方案等。

（二）满足客户需求，提升客户满意度

满足客户需求，提升客户满意度，是服务的重要作用之一。以下是一些实现方式。

1. 了解客户需求

企业应该通过市场调研、客户反馈等方式,了解客户的需求和偏好,以便为客户提供更好的服务。只有了解客户的需求,才能有针对性地提供服务,满足客户的需求。

2. 及时响应客户需求

企业应该对客户的需求和反馈及时响应,提供快速、高效的服务,以满足客户的需求。如果企业的服务速度慢、效率低,客户的满意度会大幅降低,甚至导致客户流失。

3. 持续改进服务质量

企业应该持续改进服务质量,不断提升自己的服务水平和服务质量,以满足客户的需求和提升客户的满意度。只有提供更好的服务,才能使目标市场的客户更为稳定。

(三)提高产品质量,获得良好口碑

通过企业对自身服务质量的严格要求,可以使自身产品质量提升,获得良好的口碑,从而发展新客户,扩大企业的销售规模,这是服务的重要作用之一。以下是一些实现方式。

1. 提高服务人员的素质和技能

企业应该对服务人员进行培训和考核,提高他们的素质和技能,保证服务的质量和水平。只有优秀的服务人员才能提供优秀的服务,从而提高产品的质量和口碑。

2. 严格控制产品质量

企业应该对产品质量进行严格控制,从原材料采购、生产工艺、成品检验等方面入手,确保产品质量的稳定性和可靠性,从而提高产品的口碑和销售额。

3. 提供售后服务

企业应该提供完善的售后服务,对客户反馈的问题及时解决,提供维修、更换、退换等服务,以确保客户满意度和产品口碑。售后服务是产品重要的附加值之一,可以吸引新客户和提高客户的忠诚度。

(四)创造利润提高市场份额,扩大市场范围

服务还可以创造利润、提高市场份额、扩大市场范围,这是服务的重要作用之一。以下是一些实现方式。

1. 增加销售额

通过提高服务质量,可以吸引更多的客户,提高产品的销售额,从而创造利润。

2. 降低成本

通过提供优质的售后服务,可以减少客户的维修、更换等费用,降低企业的服务成本,从而提高企业的利润。

第二节　服务质量对酒店管理的重要性

当涉及酒店管理时,服务质量的重要性可以说是无与伦比的。具体来说,服务质量对酒店管理的重要性主要体现在以下几方面(图1-3)。

```
服务质量对酒店管理的重要性
    ├── 提升客户满意度
    ├── 提升品牌形象
    ├── 创造利润
    ├── 增强竞争力
    └── 提升员工忠诚度和工作积极性
```

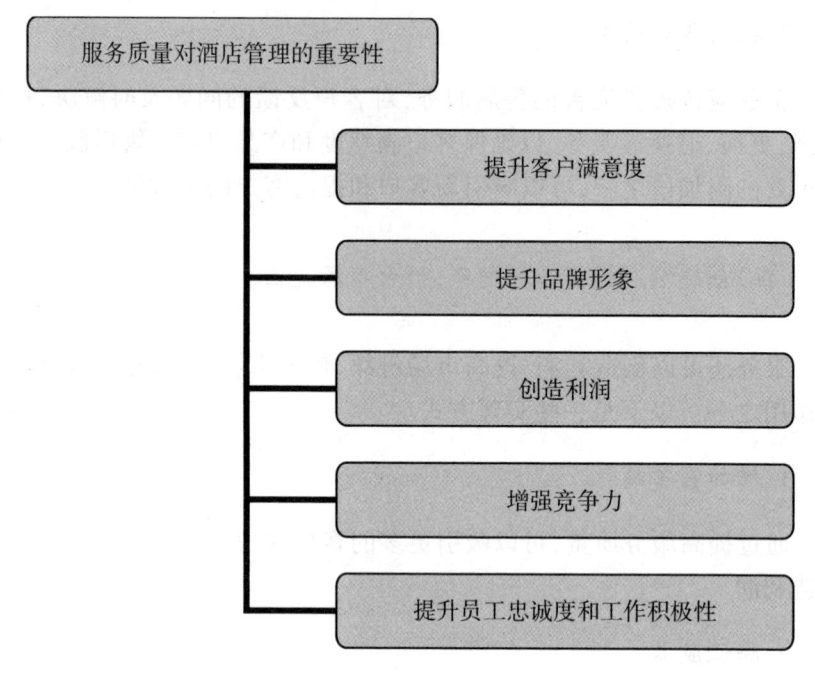

图 1-3　服务质量对酒店管理的重要性

一、提升客户满意度

酒店作为一个服务行业,其核心目的是为客户提供优质的服务。如果酒店能够提供高质量的服务,客户就会感到满意并愿意再次光顾酒店,这有助于保留老客户并吸引新客户,从而提高酒店的形象和品牌价值。

二、提升品牌形象

优质的服务质量可以树立良好的品牌形象,增加品牌的价值和竞争力,吸引更多的客户选择该酒店。相反,服务质量不佳会损害品牌形象,降低客户满意度和忠诚度,甚至影响酒店的业务量和收益。

三、创造利润

优质的服务可以创造利润。这是因为提供高质量的服务可以增加销售额、降低成本并提高客户忠诚度。这将使酒店能够提高价格并增加收入,同时减少客户流失。

(一)增加销售额

优质的服务可以使客户更愿意选择该酒店,并增加他们在酒店内的消费。例如,员工可以向客户推荐酒店的特色餐厅、景点或者服务,从而促进客户的消费,增加酒店的销售额。

(二)降低成本

优质的服务可以降低客户的投诉率和抱怨率,减少酒店的损失和成本。例如,当客户遇到问题时,员工能够快速解决问题,避免客户投诉,从而减少酒店的损失。

(三)提高客户忠诚度

高质量的服务可以使客户感到更受欢迎和关注,从而提高他们的忠诚度。例如,客户喜欢某个酒店的服务,会继续选择该酒店,并可能向朋友和家人推荐该酒店,从而为酒店带来更多的业务。

(四)减少客户流失

当酒店提供优质的服务时,客户更愿意再次光顾该酒店,酒店才能减少客户的流失。例如,当客户对酒店的服务非常满意时,他们更可能在下次旅行时再次选择该酒店。

四、增强竞争力

在酒店行业中,服务质量的竞争至关重要。如果酒店能够提供比竞争对手更好的服务,它将获得更多的客户和市场份额,从而增强其竞争力。为了提供优质的服务,酒店可以采取一些措施来提高其竞争力。

（一）培训和激励员工

员工是提供服务的关键因素。酒店需要通过培训和提高员工待遇来提高员工的素质和服务意识，从而提供更优质的服务。

（二）加强市场营销

酒店需要更好地宣传自己的服务优势，从而吸引更多的客户。市场营销策略可以包括在社交媒体上宣传、提供优惠促销、开展客户调研等。

（三）提供创新的服务

酒店可以提供创新的服务来吸引客户，如智能客房、VR游戏等。

五、提升员工忠诚度和工作积极性

提供优质的服务可以提高员工忠诚度和工作积极性。当员工感到自己的工作得到认可和赞赏时，他们将更加努力地工作，并愿意为酒店提供更好的服务。这将使酒店成为一个更有活力和积极向上的团队，从而提高整个酒店的管理和服务质量。

综上所述，服务质量对酒店管理至关重要。酒店应该始终致力于提供高质量的服务，并通过培训和激励员工、加强市场营销、建立客户关系管理系统等方式提高服务质量。这将有助于提高客户满意度、品牌形象、市场份额和竞争力，从而实现酒店的长期发展和繁荣。

第三节　服务质量、客户满意度和价值之间的关系

服务质量是客户接受服务之前的服务预期与真实感受到的服务之间的差别，其评估包括服务效果和服务时交互行为与顾客在这个过程中

的感受体验。

客户满意度是指客户对所接受到的服务的满意程度,是服务质量管理中的一个重要指标。

价值是客户对产品或服务的认知价值和实际价值的主观评价,是客户满意度和购买决策的重要影响因素。

在服务行业中,服务质量、客户满意度和价值之间的关系是非常密切的。

首先,服务质量是客户满意度的基础。如果企业能够提供高质量的服务,客户就会感到满意。客户满意度越高,就越会倾向于再次购买该企业的产品或服务,从而成为忠实客户。此外,良好的服务质量还可以吸引新的客户,增加市场份额。

其次,客户满意度和价值之间也存在密切的关系。如果客户对所接受到的服务感到满意,那么他们就会认为该产品或服务具有较高的认知价值和实际价值。客户满意度越高,他们就越有可能再次购买该产品或服务,并愿意支付更高的价格。此外,客户满意度和价值也可以促进企业的品牌形象和声誉,从而提高企业的竞争力。

最后,服务质量、客户满意度和价值之间也存在相互影响的关系。服务质量是客户满意度和价值的基础,客户满意度和价值又反作用于服务质量。企业的服务质量越好,客户满意度和价值越高,客户就越有可能再次购买该产品或服务,从而形成良性循环。此外,企业可以通过提高客户满意度和价值来提高客户的忠诚度,从而减少客户的流失率。

第二章

酒店概述

在忙碌的现代生活中,我们都渴望找到一个温馨的避风港,让身心得到放松和休息。酒店便是满足这一需求的重要场所。纵观历史,酒店行业始终随着时代的发展不断进化,如今已成为全球经济的重要组成部分。本章将对酒店的基本知识进行简要阐述。

第一节　什么是酒店

一、酒店的概念

酒店是一个为宾客提供住宿、餐饮、娱乐等综合服务的商业机构。它提供安全、舒适的环境，使旅行者和休闲者在短时间内得到休息或享受。现代酒店业已经发展成为一个高度竞争的行业，不仅提供基本的住宿服务，还涉及多个细分市场，如度假、商务、豪华等。

二、酒店的特点

酒店行业是一个综合服务行业，它涉及多个方面，如安全、卫生、方便、舒适、个性化服务等。以下是酒店所具有的特点（图 2-1）。

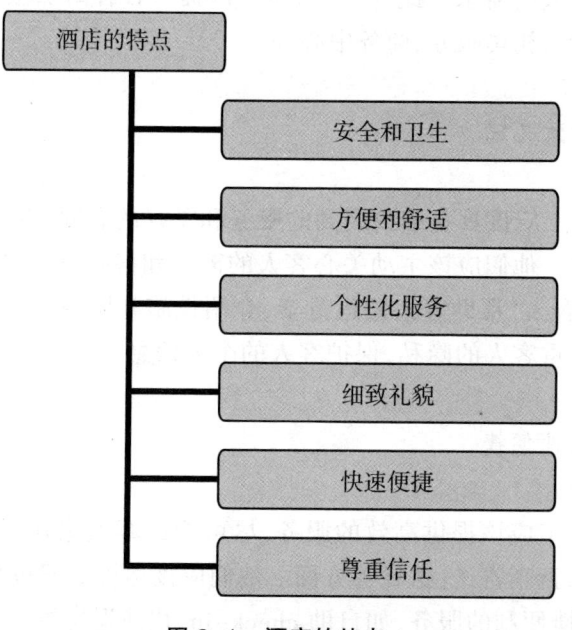

```
酒店的特点 ┬── 安全和卫生
          ├── 方便和舒适
          ├── 个性化服务
          ├── 细致礼貌
          ├── 快速便捷
          └── 尊重信任
```

图 2-1　酒店的特点

（一）安全和卫生

安全和卫生是对酒店的基本要求，酒店必须确保客人的生命和财产安全。酒店应该提供符合国家安全标准的客房和设施，如烟雾探测器、防盗报警器等。

（二）方便和舒适

酒店应该提供方便和舒适的环境，如快速的互联网连接、舒适的座椅和电视等。这些设施可以使客人在住宿期间得到放松和休息，提高他们的舒适度。此外，酒店还应该提供各种便利设施，如健身房、游泳池、餐厅、商店等，以满足客人的需求。

（三）个性化服务

酒店应该提供个性化服务，以满足客人的不同需求和偏好。例如，酒店可以提供不同类型的客房，如标准客房、豪华客房、套房等，以满足不同层次客人的需求。此外，酒店还可以提供各种附加服务，如叫醒服务、洗衣服务、礼宾服务、商务中心等。

（四）细致礼貌

酒店员工应该具备细致周到的服务和友好的态度，以使客人感到被尊重和欢迎。他们应该主动关心客人的需求和偏好，提供热情周到的服务，如迎接客人、帮助客人搬运行李、介绍设施和服务等。同时，酒店员工还应该尊重客人的隐私，保护客人的个人信息。

（五）快速便捷

酒店员工应该提供高效的服务，尽可能让客人感到方便，尤其是在入住、退房、行李寄送、送餐等方面。他们应该尽可能缩短客人的等待时间，提供快捷便利的服务，如自助 check-in、快速退房等。

（六）尊重信任

酒店员工应该尊重客人的隐私和习惯，并尽力满足客人的需求，以建立信任关系。他们应该尊重客人的意见和选择，提供专业的建议和服务，如定制旅行计划、推荐当地美食和景点等。同时，酒店也应该保证客人的信息安全，不泄露客人的个人信息。

三、酒店的分类

可以根据不同的方法对酒店进行分类，以下是几种比较传统的分类方法。

（一）按照酒店的市场定位和客源结构进行分类

按照酒店的市场定位和客源结构，可以分为以下几类。

1. 商务酒店

商务酒店的主要服务对象是以商务和公务为主要目的而外出的人，一般位于交通便利的市中心，会议室、洽谈室、商务中心、宽带网络等办公设备齐全，服务完善。

2. 度假酒店

度假酒店的服务对象是以度假休闲、娱乐健身等为主要需求的人，酒店一般位于各种旅游名胜和休养胜地旁，娱乐设施比较丰富。

3. 公寓酒店

公寓酒店的服务对象是有长住需求的人，提供各种房型和饮食服务，房间内一般会配备简易的厨房。

4. 会议酒店

会议酒店的服务对象是有各种需求的人，一般位于市中心的商务区，拥有数量众多的客房、各种规格的会议室和先进的会议设备等。

（二）按照酒店的用途和规模进行分类

按照酒店的用途和规模,可以分为商业酒店、旅游酒店、住宅区式酒店和度假酒店。

1. 商业酒店

商业酒店是以商业活动为主要目的,为商务人士提供住宿、餐饮、会议等服务的酒店,规模相对较大。

2. 旅游酒店

旅游酒店是为旅游者提供住宿、餐饮、景点门票等服务的酒店,规模相对较小。

3. 住宅区式酒店

住宅区式酒店是指类似住宅区的酒店,房间数量较多,设施齐全,适合长期居住,如公寓式酒店。

4. 度假酒店

度假酒店是以度假休闲为主要目的的酒店,规模相对较大,娱乐设施比较丰富。

（三）按照酒店的特点和经营方式进行分类

按照酒店的特点和经营方式,可以分为以下几类。

1. 机场酒店

机场酒店是指位于机场附近的酒店,为旅客提供住宿、餐饮等服务。

2. 公路酒店

公路酒店或汽车酒店是指位于公路沿线的酒店,为旅客提供住宿、餐饮、车辆等服务。

3. 选择性酒店

选择性酒店是指为特定群体提供定制化服务的酒店,如高端度假酒店、主题酒店等。

不同类型的酒店在市场定位、服务对象、设施设备等方面存在差异。例如,商务酒店的主要服务对象是商务人士,因此酒店会提供完善的商务设施和服务,如会议室、洽谈室、商务中心、宽带网络等,以满足商务客人的需求。度假酒店的主要服务对象是旅游者和度假休闲者,因此酒店会提供丰富的娱乐设施和各种旅游服务,如景点门票、旅游线路等。公寓酒店则主要是为有长住需求的人提供服务,因此酒店会提供不同面积和配置的公寓房间,满足不同客户的需求。

此外,不同类型的酒店也会根据其特定的市场定位和目标客户,提供不同的服务和设施。例如,机场酒店会为旅客提供快速入住、快速离店等服务,公路酒店或汽车酒店则会提供便利的交通和停车服务,以及针对自驾客人提供的车辆租赁、加油等服务。选择性酒店会针对特定群体提供定制化的服务和设施,如高端度假酒店会提供私人管家服务、高档餐饮、SPA服务等,主题酒店则会提供独特的主题客房和设施,以满足不同客户的需求和喜好。

总之,不同类型的酒店在市场定位、服务对象、设施设备等方面存在差异,也会提供不同的服务和设施。酒店经营者需要根据市场需求和客户特点,选择适合的经营方式和经营模式,以提高酒店的竞争力和盈利能力。

四、酒店的功能

酒店的功能可以是多样的,但常见的主要包括以下几种(图2-2)。

(一)住宿功能

酒店通常具有住宿功能,为客人提供休息的地方。酒店一般分为不同的房间类型,如单人间、标准间、套房等,以满足不同客人的需求。同时,酒店还会提供相关的住宿服务,如清洁服务、叫醒服务、行李寄存等。

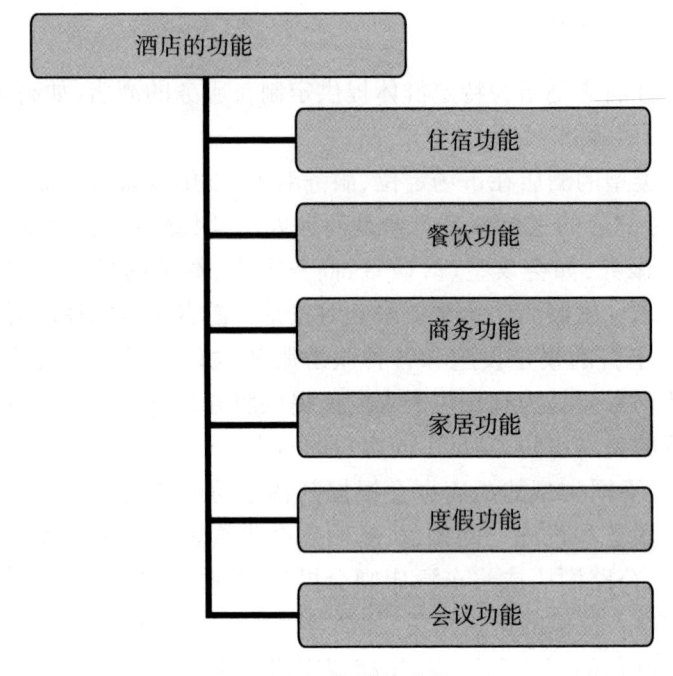

```
                    ┌─── 住宿功能
                    │
                    ├─── 餐饮功能
                    │
    酒店的功能 ──────┼─── 商务功能
                    │
                    ├─── 家居功能
                    │
                    ├─── 度假功能
                    │
                    └─── 会议功能
```

图 2-2　酒店的功能

（二）餐饮功能

酒店通常都具有餐饮功能。酒店的餐饮服务一般包括早餐、中餐、晚餐、甜点、饮料等，酒店也会提供不同类型的餐饮选择，如自助餐、点餐、宴会等。此外，酒店还会提供相关的餐饮服务，如送餐服务、酒水服务等。

（三）商务功能

酒店的商务功能主要是指以酒店为平台而做的一些商务合作，主要包括以下几方面。

第一，推出各种房价的客房供客户选择，能够网上预订并查看客房的信息和图片，方便客户知道酒店的位置。

第二，酒店通常提供火车票、飞机票的订票服务以及旅游定点服务，这些服务通常由酒店的商务中心或旅行社提供。

第三，酒店商务中心还可以代办租车服务。

（四）家居功能

一些酒店会提供家居功能，如厨房、洗衣房等，这些设施可以让客人感到像在家里一样方便。此外，一些高端酒店还会提供更高端的家居设施和服务，如私人管家、定制化的家居用品等。

当然，这些家居功能并不是所有酒店都具备的，它们会因酒店类型、地理位置等因素而有所不同。

（五）度假功能

度假酒店通常会提供一系列的设施和服务，以使客人在度假期间能够享受到舒适和愉悦的体验。这些设施和服务可能包括以下几方面。

1. 优美的环境和舒适的住宿条件

度假酒店通常会提供宽敞、舒适和装饰精美的客房，使客人在住宿期间能够得到充分的休息和放松。

2. 多元化的餐饮选择

度假酒店会提供各种美食和餐饮选择，以满足不同客人的需求。

3. 丰富的娱乐设施

度假酒店通常会提供各种娱乐设施，如游泳池、水疗中心、健身房、网球场、高尔夫球场等，使客人在度假期间能够得到充分的放松和锻炼。

4. 多样化的活动和景点游览

度假酒店会提供各种活动和景点游览，使客人能够充分地体验当地的文化和风景。

5. 个性化的服务

度假酒店通常会提供个性化的服务，如私人管家、定制化的活动安排等，以满足客人的特殊需求。

(六)会议功能

酒店通常都具有会议功能。会议功能是酒店的一项重要功能,为商务活动、会议、展览等提供场所和相关服务。酒店的会议功能一般包括以下几方面。

第一,提供会议场地,如会议室、展示厅、宴会厅等。

第二,提供相关的会议设施,如投影仪、屏幕、音响设备、网络等。

第三,提供餐饮服务,如茶歇、自助餐、宴会等。

第四,提供会议策划和组织服务,如会场布置、活动策划、主持人等。

第五,提供会议接待和接待服务,如签到、指引等。

此外,有些酒店还提供额外的服务,如会议礼品、印刷服务、交通服务等。

总之,酒店的会议功能是一项重要的服务,旨在满足各种会议和商务活动的需求。

五、酒店的作用

酒店具有重要作用,概括来说主要包括以下几方面(图2-3)。

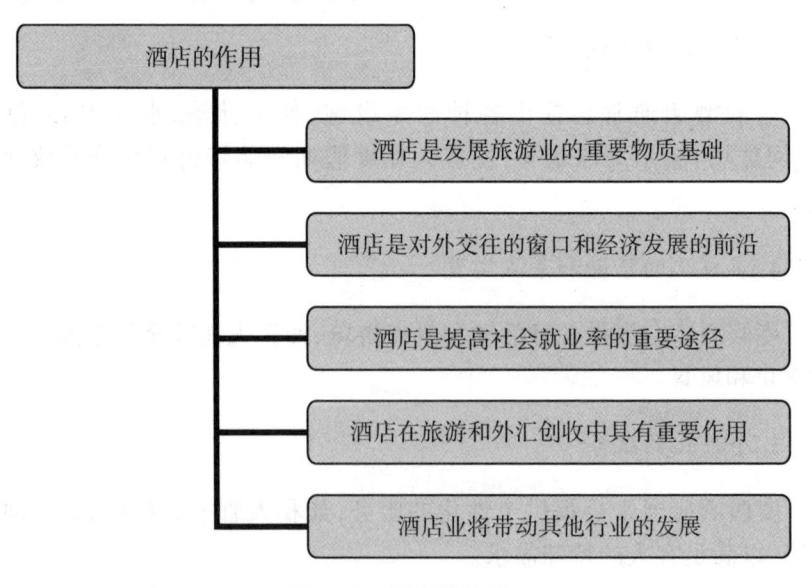

```
酒店的作用
├── 酒店是发展旅游业的重要物质基础
├── 酒店是对外交往的窗口和经济发展的前沿
├── 酒店是提高社会就业率的重要途径
├── 酒店在旅游和外汇创收中具有重要作用
└── 酒店业将带动其他行业的发展
```

图2-3 酒店的作用

（一）酒店是发展旅游业的重要物质基础

酒店是发展旅游业的重要物质基础。旅游业作为国民经济的重要支柱之一，对酒店业的发展起到了积极的促进作用。而酒店业的发展又是旅游业发展的基础，为游客提供住宿和综合服务，促进旅游业的健康发展。

首先，酒店为游客提供了基本的住宿服务，是游客在旅游目的地的基本生活需求得到满足的重要场所。不同类型的酒店可以满足不同游客的需求，包括经济型酒店、中档酒店、高档酒店等，这些酒店能够提供舒适的床铺、卫浴设备、餐饮服务等，使游客能够有愉快的住宿体验。

其次，酒店是游客了解目的地文化和风貌的重要场所。酒店通常会提供旅游咨询、门票代售、导游服务等相关服务，使游客能够更加便捷地了解当地的文化和风貌。同时，酒店的综合服务设施也能够满足游客的多元化需求，如健身房、游泳池、会议室等，使游客在旅游目的地的停留更加舒适和愉悦。

（二）酒店是对外交往的窗口和经济发展的前沿

酒店作为服务业的一个重要领域，是对外交往的窗口和经济发展的前沿。酒店作为城市的重要组成部分，吸引了大量的国内外游客和商务人士，促进了不同文化之间的交流和沟通。

首先，酒店是外国人了解当地文化和社会的重要窗口。对外国人来说，住宿是他们在异国他乡面临的首要问题，酒店不仅为他们提供了舒适的住所，还为他们提供了与当地人交流和沟通的机会。在酒店里，外国人可以体验到当地的文化和服务，了解当地的风俗习惯和社会规则。

其次，酒店是经济发展的前沿。酒店作为服务业的一个重要领域，对经济的贡献不容忽视。酒店的建设和运营不仅提供了大量的就业机会和经济效益，还带动了周边地区的发展。酒店作为一个综合性的服务平台，吸引了大量的商务活动和会议展览，为当地的经济发展注入了新的活力。

（三）酒店是提高社会就业率的重要途径

酒店业作为服务业的一个重要领域，其发展和繁荣能够为社会创造大量的就业机会。

第一，酒店业作为劳动密集型行业，需要大量的员工来提供各种服务。这些服务包括前台接待、客房服务、餐厅服务、保安、清洁等，都需要有专业的人员来提供服务。这些不同的服务岗位为人们提供了多种就业选择和机会。

第二，酒店业的发展也能够促进人们的自主创业和就业。酒店业作为服务业的一个重要领域，为人们的自主创业提供了很多机会，如开设酒店管理公司、酒店咨询公司等。这些创业机会为人们提供了更多的就业选择和机会。

（四）酒店在旅游和外汇创收中具有重要作用

首先，酒店是旅游产业链中不可或缺的一部分，为游客提供住宿和综合服务，使游客在旅游目的地的基本生活需求得到满足，能够促进游客更加便捷地了解当地的文化和风貌，从而促进旅游业的健康发展。

其次，酒店在创汇中具有重要作用。酒店作为服务行业的一个重要领域，其国际化程度较高，为我国赚取了大量的外汇收入，推动了我国经济的快速发展。根据国家旅游局的数据，截至2017年底，我国共有6542家星级酒店，其中四星级酒店1532家，五星级酒店1811家。这些酒店不仅满足了国内外游客的基本住宿需求，还为我国带来了可观的外汇收入。

（五）酒店业将带动其他行业的发展

酒店业作为服务业的一个重要领域，其健康发展将为其他行业带来新的机遇和挑战，促进其他行业的创新和发展。

首先，酒店业的发展将带动房地产行业的发展。酒店业的发展需要大量的房地产资源，包括酒店客房、商业用房、办公用房等，这些资源的开发和利用将促进房地产行业的发展。

其次，酒店业的发展将带动交通运输行业的发展。酒店作为城市的重要组成部分,为游客提供住宿和综合服务,促进了旅游业的健康发展。而旅游业的发展将带动交通运输行业的发展,如公路、铁路、航空等交通运输行业将得到更多的投资和发展机遇。

最后,酒店业的发展将带动文化娱乐行业的发展。酒店作为城市的重要组成部分,为游客提供了了解当地文化和风貌的场所,促进了文化娱乐行业的发展。例如,各种文化活动、演出、展览等文化娱乐行业将得到更多的投资和发展机遇。

第二节 酒店的发展历史

一、世界酒店业的发展历史

世界酒店业的发展历史可以分为五个阶段:古代酒店的起源、中世纪酒店的发展、文艺复兴时期酒店的发展、近代酒店的发展和现代酒店的发展。

(一)古代酒店的起源

早在公元前3000年,古埃及和古希腊就已经出现了客栈。这些客栈主要是为旅行者和商人提供住宿和食物的地方,设施和服务比较简单,但它们为当时的人们提供了必要的住宿和食物,也为后来的酒店业发展奠定了基础。

(二)中世纪酒店的发展

中世纪时期,欧洲的客栈得到了进一步的发展。这些客栈通常为旅行者和商人提供住宿和食物,还有一些其他的服务,如马厩、酒吧等。

(三)文艺复兴时期酒店的发展

文艺复兴时期,欧洲的酒店开始注重舒适和娱乐。文艺复兴时期的酒店主要是为贵族和富人提供住宿和食物,也有一些为游客和商人提供服务的地方。这些酒店注重舒适和娱乐,如提供温泉、桑拿浴室等娱乐设施,以及提供更好的食物和服务。

(四)近代酒店的发展

近代,随着旅游业的兴起,酒店也开始注重舒适和娱乐。这些酒店主要是为旅行者提供住宿和食物,也有一些为游客提供服务的地方。近代酒店的服务和设施比较现代化,提供了更多舒适的设施和服务,如游泳池、健身房等。

(五)现代酒店的发展

现代,酒店开始注重客户体验和服务质量。这些酒店提供的服务和设施更加现代化和多样化,如提供智能家居、虚拟现实等娱乐设施,以及提供更多的舒适设施和服务。现代酒店也更加注重客户体验和服务质量,如提供更加个性化、专业化的服务,以及注重客户的安全和健康。

总之,世界酒店业的发展历史可以说是漫长而又复杂的,从古埃及到中世纪,从文艺复兴到近代,从现代到未来,酒店业的发展历程一直在不断发展、不断改变、不断提高,以满足客户的需求,提供更好的服务。未来,酒店业将继续发展和变化,将继续注重客户体验和服务质量,并提供更加多样化、现代化、科技化的服务和设施。

二、中国酒店业的发展历史

本书将中国酒店业的发展历史分为古代、近代和现代三个阶段进行详细论述。

(一)古代阶段

在中国古代,酒店被称为"馆""驿""舍""店"等,这些设施的规模和档次不一,既有家庭或个人经营的小型客栈,也有官方经营的大型驿站。这些酒店在提供基本食宿服务的同时,也开始注重服务质量和客户体验,如提高客房的舒适度、加强员工培训、提供餐饮娱乐、文化交流等服务。

值得一提的是,中国古代的一些酒店在历史上也有着重要的地位,如滇西北的明代客栈及河北怀来的鸡鸣驿等。这些古代酒店保存至今,不仅是中国古代酒店文化的重要遗产,也是研究中国古代酒店历史的重要资料。

(二)近代阶段

中国近代酒店业的发展受到了外国帝国主义的入侵和半殖民地半封建社会的影响。在这个时期,中国酒店业开始向现代化转型,出现了一些西式酒店和中西结合式酒店。

1. 西式酒店

西式酒店是20世纪初外国资本侵入中国后兴建和经营的酒店的统称。这些酒店通常规模宏大,设备先进,装饰华丽,管理人员来自英、法、德等资本主义国家。

这个时期的西式酒店主要接待对象是来华外国人,但也包括当时中国上层社会人士、达官贵人等。这些酒店的菜肴和服务模式也通常采用西式风格,符合当时中国上层社会人士的口味和需求。同时,这些酒店也非常注重服务质量和客户体验,为客人提供优质的服务和舒适的住宿环境。

值得一提的是,西式酒店的出现不仅为中国带来了新的酒店经营理念和技术,也为中国带来了新的饮食文化和生活方式。这些酒店的菜肴和服务模式也逐渐被中国客人所接受和喜爱,对中国酒店业和餐饮文化的发展产生了积极的影响。

2. 中西结合式酒店

"半中半西"风格的新式酒店是中国近代酒店业发展中的一种重要类型。这些酒店的出现受到了西方文化的影响,同时也考虑到了中国的市场需求和实际情况,将中西文化相融合,形成了独特的经营模式和风格。

这类酒店通常在建筑式样、设备、服务项目和经营方式上都采用了西方酒店的模式,如安装了现代设备,提供了高级套间、餐厅、舞厅等服务和设施。同时,在经营理念上,这些酒店也借鉴了西方模式,如采用联营的方式,将银行、铁路、旅馆等企业的资源整合起来,形成优势互补的合作关系。

在菜品方面,这些酒店除了提供中餐,还以供应西餐为时尚,满足了当时人们对新式餐饮的需求。同时,这些酒店也在经营方式上进行了创新,如采用广告宣传、促销活动等方式来吸引客人。

总的来说,"半中半西"风格的新式酒店的出现,不仅为当时的人们提供了新的住宿和餐饮选择,也为中国的酒店业带来了新的经营理念和模式。这些酒店的成功经验为中国近代酒店业的发展奠定了基础,也为中国现代酒店业的崛起提供了有益的借鉴。

(三)现代阶段

从1978年至今,国内酒店业大致经历了以下四个发展阶段。

1. 起步阶段(1978—1984)

这一时期,国内酒店数量较少,主要集中在旅游胜地和主要城市。改革开放政策的实施吸引了大量外国游客,为了满足市场需求,一些旅游胜地和城市开始兴建酒店。

2. 快速发展阶段(1985—1995)

这一时期,国内酒店业开始进入快速发展阶段。政府出台了一系列政策措施,鼓励社会资本进入旅游业和酒店业,吸引了大量外资进入中国市场。国内酒店也开始积极学习和借鉴国际先进的经营管理理念和技术,不断提高设施和服务水平。

3. 稳定发展阶段(1996—2005)

这一时期,国内酒店业的发展速度逐渐放缓,但仍保持着稳定增长的态势。国内酒店开始注重品牌建设和市场营销,积极开拓国内市场,提高品牌知名度和竞争力。

4.转型升级阶段(2006年至今)

这一时期,国内酒店业开始进入转型升级阶段。随着市场竞争的加剧和消费者需求的不断变化,国内酒店开始注重创新和服务升级,积极探索新的商业模式和市场机会。同时,国内酒店也开始注重环保、社会责任等方面的问题,积极推进可持续发展。

第三节　今天的酒店业

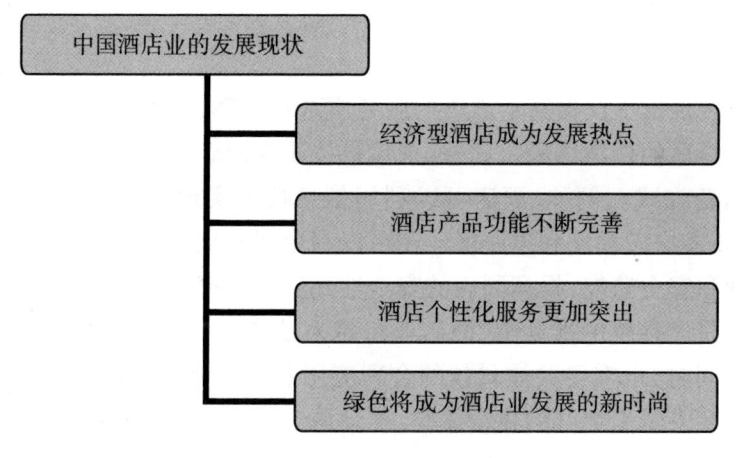

一、中国酒店业的发展现状

中国酒店业的发展现状如图2-4所示。

```
中国酒店业的发展现状
├── 经济型酒店成为发展热点
├── 酒店产品功能不断完善
├── 酒店个性化服务更加突出
└── 绿色将成为酒店业发展的新时尚
```

图2-4　中国酒店业的发展现状

(一)经济型酒店成为发展热点

随着中国经济的快速发展和城市化进程的加速,中产阶级的不断壮大,以及旅游市场的持续增长,经济型酒店的市场需求也越来越大。同

时,政府出台了一系列鼓励消费升级的政策,如"健康中国""旅游强国"等,促进了经济型酒店的发展。

因此,国内外众多酒店品牌和投资者都纷纷进入中国经济型酒店市场,如汉庭、如家、7天等品牌,以及华住、锦江之星、首旅等集团。同时,也有一些新兴的经济型酒店品牌和创业公司进入市场,如亚朵、全季等品牌,以及OYO、轻住等创业公司。

(二)酒店产品功能不断完善

随着消费升级和市场需求的变化,酒店业也在不断推出新的产品和服务,以满足消费者的需求。例如,一些酒店开始注重健康养生、亲子旅游、文化体验等主题,推出相应的产品和服务,以满足消费者对特色化、精品化的住宿需求。此外,随着移动互联网的发展,一些酒店也开始注重智能化和数字化服务,如智能客房、无人酒店、VR体验等,提供更加便捷和个性化的服务。

(三)酒店个性化服务更加突出

现代科技不仅提高了酒店的服务质量和效率,还为客人提供了更加便捷和舒适的住宿体验。此外,现代科技还为酒店业带来了更高效的管理和运营方式。例如,酒店可以利用信息技术实现客户信息的有效管理,提高客户满意度和忠诚度。还可以利用智能化设备实现更高效的能源管理和安全监控,提高酒店的安全性和运营效率。

在现代科技的推动下,酒店业将越来越依靠科学技术,不断创新和进步。同时,也需要关注科技的合理应用和人性化服务,确保科技能够真正为客人带来更好的住宿体验,推动酒店业的可持续发展。

(四)绿色将成为酒店业发展的新时尚

随着环保意识的增强和消费者对健康、环保的需求日益增长,中国酒店业也开始注重绿色环保和可持续发展。

一些酒店开始采用节能、环保的设备和材料,如LED灯、节水淋浴头、环保建材等,以减少对环境的影响。同时,也有一些酒店开始注重资源回收和再利用,如回收废品、使用可再生能源等。此外,还有一些酒店开始提供环保、健康的客房服务和餐饮服务,如提供有机食品、使用环保餐具等。

二、中国酒店业发展中面临的问题

中国酒店业在发展过程中面临着多个问题(图 2-5)。

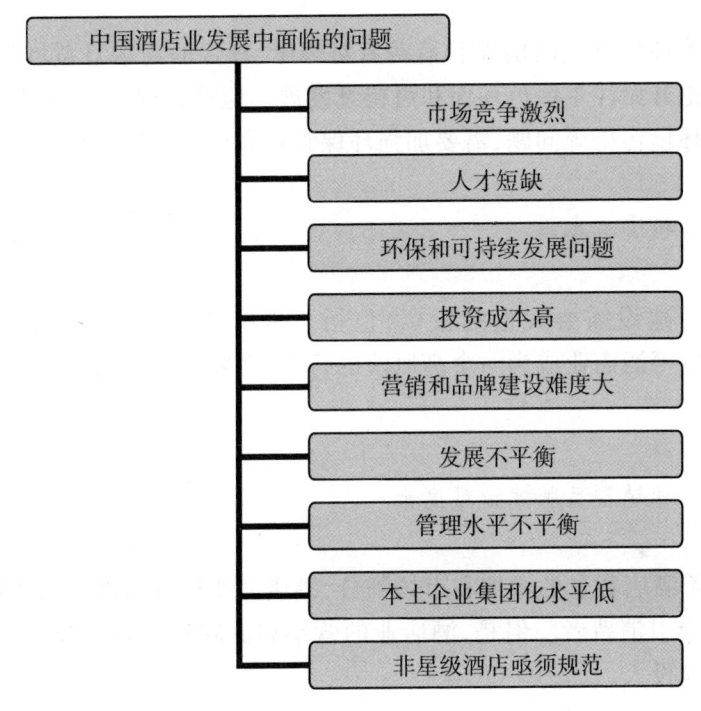

```
中国酒店业发展中面临的问题
├── 市场竞争激烈
├── 人才短缺
├── 环保和可持续发展问题
├── 投资成本高
├── 营销和品牌建设难度大
├── 发展不平衡
├── 管理水平不平衡
├── 本土企业集团化水平低
└── 非星级酒店亟须规范
```

图 2-5　中国酒店业发展中面临的问题

（一）市场竞争激烈

随着中国旅游市场的快速发展,酒店数量不断增加,导致市场竞争激烈。同时,国内外酒店品牌的竞争也日益激烈,使得酒店业面临着更大的市场压力。

（二）人才短缺

酒店业是一个劳动密集型行业，需要大量的员工和管理人员。但是，中国酒店业面临着人才短缺的问题，如高素质的管理人员、营销人员和培训人员等。这制约了酒店业的可持续发展和竞争力提升。

（三）环保和可持续发展问题

随着环保意识的增强和消费者对健康、环保的需求日益增长，中国酒店业也开始注重绿色环保和可持续发展。但是，一些酒店仍存在能源浪费和环境污染等问题，需要加强环保管理和可持续发展意识。

（四）投资成本高

酒店建设需要大量的投资，包括土地购置、建筑成本、设备采购等。这使得酒店业成为一个高风险的行业，需要严格的风险管理和投资决策。

（五）营销和品牌建设难度大

随着酒店数量的增加和市场细分，酒店需要通过精准的营销和品牌建设来吸引消费者。但是，酒店业的营销和品牌建设难度较大，需要不断创新和投入。

（六）发展不平衡

中国酒店业发展不平衡是一个显著的问题，主要表现在以下几个方面。

1. 区域不平衡

中国酒店业的分布存在东部和中部发展较好，西部青海、宁夏、西藏等省份酒店业提升空间较大的情况。东部和中部地区的酒店数量较多，而西部地区酒店数量较少，这导致了不同地区之间的酒店业发展不平衡。

2. 档次不平衡

中国酒店业中低端经济型酒店占据半壁江山,而高端酒店所占比例相对较低。这导致了酒店业的档次不平衡。

3. 品牌不平衡

中国酒店业中,国际知名酒店品牌在市场中占据了较大的份额,而国内酒店品牌的市场份额相对较小。这导致了酒店业品牌不平衡的问题。

4. 单体酒店与连锁酒店发展不平衡

中国单体酒店与连锁酒店发展的不平衡性越来越大,连锁酒店的规模和市场份额不断扩大,而单体酒店的发展逐渐落后。

(七)管理水平不平衡

在中国酒店市场上,国际知名酒店品牌在管理和服务方面拥有较高的市场份额和品牌知名度,而国内酒店品牌的管理和服务水平则相对较低。

同时,中国酒店业的管理水平也存在地区差异。在经济发达的地区,酒店管理水平和服务质量相对较高,而在经济欠发达的地区,酒店管理水平和服务质量则相对较低。

(八)本土企业集团化水平低

相比国际知名酒店管理公司,中国酒店本土品牌在集团化发展方面相对滞后,缺乏具有国际影响力的酒店管理集团。

中国酒店本土企业集团化水平低的原因有多方面,如品牌意识不强、管理水平不高、营销能力不足等。同时,政策环境、市场环境等方面也存在一定的制约因素。

(九)非星级酒店亟须规范

非星级酒店是中国酒店业的重要组成部分,但是这些酒店普遍存在管理水平不高、设施不完善、服务质量不规范等问题,需要加强规范和提升品质。

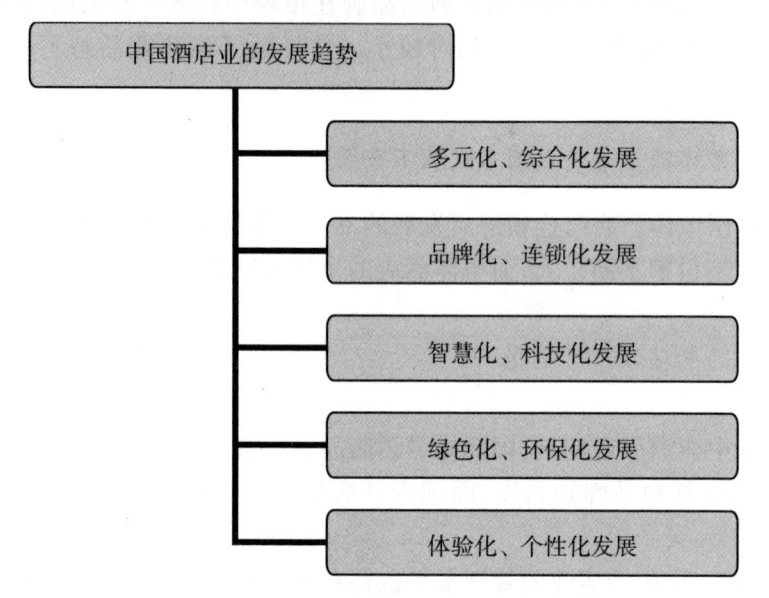

三、中国酒店业的发展趋势

中国酒店业的发展趋势可以概括为以下几点(图2-6)。

```
中国酒店业的发展趋势
├── 多元化、综合化发展
├── 品牌化、连锁化发展
├── 智慧化、科技化发展
├── 绿色化、环保化发展
└── 体验化、个性化发展
```

图2-6 中国酒店业的发展趋势

(一)多元化、综合化发展

中国酒店业正在逐步向多元化、综合化方向发展,许多酒店管理公司已经开始涉足多个业态,如度假村、商务酒店、豪华酒店等。同时,酒店业也开始向上下游产业延伸,如酒店管理培训、酒店投资基金、酒店文化娱乐等。

(二)品牌化、连锁化发展

中国酒店业正在逐步向品牌化和连锁化方向发展,许多酒店管理公司开始打造自己的品牌和连锁酒店。同时,酒店管理公司也开始注重营销和推广,通过各种渠道提高品牌知名度和影响力。

(三)智慧化、科技化发展

中国酒店业正逐步向智慧化、科技化方向发展,许多酒店开始引入人工智能、物联网等技术,提高服务质量和效率。同时,酒店也开始注重数据管理和分析,通过数据驱动的决策提高经营效率和客户满意度。

(四)绿色化、环保化发展

中国酒店业正逐步向绿色化、环保化方向发展,许多酒店开始注重环保和可持续发展,通过节能减排、绿色建筑等方式降低对环境的影响。同时,消费者也越来越注重环保和健康,因此酒店需要满足消费者的需求,提供更加健康和环保的产品和服务。

(五)体验化、个性化发展

中国酒店业正逐步向体验化、个性化方向发展,许多酒店开始注重客户体验和个性化服务,通过提供定制化的产品和服务来满足客户的需求。同时,酒店也开始注重员工培训和激励,以提高员工的服务质量和忠诚度。

第三章

酒店管理

酒店管理是确保酒店顺利运营、提高客户满意度、实现酒店经营目标的重要环节。在如今竞争激烈的市场环境中,酒店管理的重要性更加凸显。本章即对酒店管理的内涵以及酒店管理的职能和方法进行研究。

第一节　酒店管理的内涵

一、酒店管理的概念

酒店管理是指在一定生产方式条件下,遵循客观经济规律的要求,依照一定的原则、程序和方法,对酒店的人力、物力、财力及其经营活动过程进行有效的计划、组织、指挥、监督和协调,以保证酒店经营活动的顺利进行,达到用最少的劳动耗费取得最大的经济效益的活动过程。

二、酒店管理的目的

(一)提高酒店的经济效益

酒店的经济效益是指酒店在经营过程中所产生的经济效益,包括酒店的收入、成本和利润等方面。提高酒店经济效益的途径有很多,以下是一些常见的方法。

1. 提高入住率

酒店可以通过各种渠道宣传和促销,吸引更多的客户入住,提高酒店的入住率。同时,酒店可以提供优质的客户服务,增加客户的满意度和回头率,间接为酒店创收。

2. 节省成本

酒店可以通过精细化管理、合理采购、降低能耗等方式节约成本,从而提高酒店的经济效益。例如,选择质量好的家具,并定期进行修护,可以让这些设备器材长时间使用,减少折旧成本。

3. 提供个性化服务

酒店可以提供个性化的服务模式,满足客户的多样化需求,提高客户的满意度和忠诚度。例如,开展一对一的个性化服务模式,让客户感受到酒店的关注和贴心服务。

4. 培养员工素质和服务意识

酒店可以通过培训和激励,培养员工的素质和服务意识,提高员工的服务质量和效率,从而为酒店创造更多的经济效益。

5. 建立勤俭节约的企业文化

酒店可以建立勤俭节约的企业文化和工作氛围,减少浪费和损耗,从而降低酒店的成本,提高酒店的经济效益。

(二)提高酒店的社会效益

酒店的社会效益是指酒店在经营过程中对社会的贡献程度。具体来说,酒店可以通过积极参与社会公益事业、践行社会责任、提供优质服务等手段来获得社会效益。同时,酒店也可以通过回馈社区、提高员工福利待遇、降低能耗和排放等手段来履行社会责任,提高社会效益。总之,酒店社会效益的获得需要酒店经营者将社会责任和社会公益融入酒店的经营管理中,实现经济效益和社会效益的平衡发展。

三、酒店管理的特点

酒店管理的特点主要体现于以下几个方面(图 3-1)。

(一)整体性

酒店是一个有机的整体,各个部门和组成部分相互联系、相互作用、相互支持,以实现酒店的总体目标。酒店管理者需要从整体角度出发,发挥酒店的整体效益。

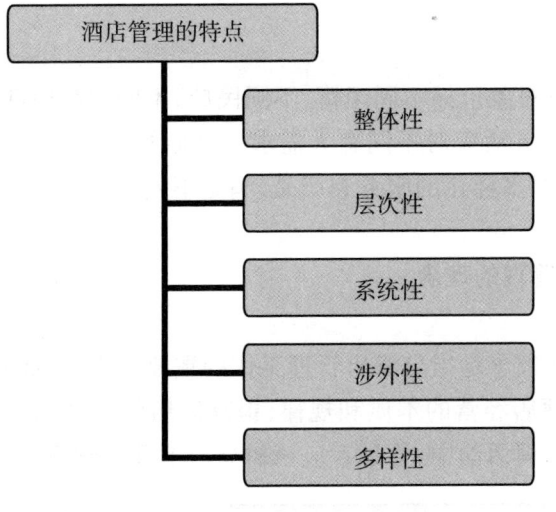

```
酒店管理的特点
├── 整体性
├── 层次性
├── 系统性
├── 涉外性
└── 多样性
```

图 3-1　酒店管理的特点

（二）层次性

酒店管理具有阶梯结构，分为最高管理层、中级管理层和基层管理层。不同层次的管理者需要有不同的职责和权限，分工协作，形成一个阶梯式的金字塔管理结构。

（三）系统性

酒店管理活动包括计划、组织、领导和控制等一系列活动，这些活动相互联系、相互作用，以实现酒店的总体目标。酒店管理者需要考虑这些活动的系统性，协调各个环节的关系，确保管理活动的有效性和高效性。

（四）涉外性

酒店是涉外单位，需要与外国客人打交道。因此，酒店管理需要遵循国家法律法规、尊重不同文化习惯等。酒店管理者需要了解不同文化背景和习惯，提供符合客人需求的个性化服务，同时维护国家形象和文化自信。

（五）多样性

酒店服务对象包括不同国籍、不同民族、不同宗教信仰的客人,因此酒店管理需要灵活应对不同客人需求。酒店管理者需要考虑服务对象的多样性,提供多样化的服务和产品,满足不同客人的需求和期望。

四、酒店管理的理念

酒店管理理念是指导酒店管理工作的重要思想,它能够帮助管理者更好地把握酒店经营的本质和规律,提高酒店的管理水平和经营效益。在当代酒店管理活动中,管理者应该树立以下几个管理理念(图 3-2)。

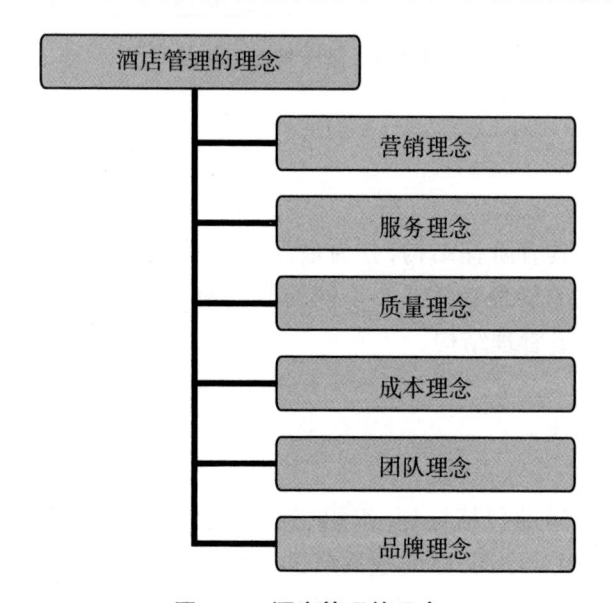

图 3-2 酒店管理的理念

（一）营销理念

营销是酒店管理不可或缺的一部分,它的使命是将酒店的产品和服务推销给宾客,从而满足宾客的需要和需求,并达到酒店经营的目标。酒店的每个员工都应该参与进来,为酒店的营销活动作出贡献。

(二)服务理念

酒店是一个服务性企业,服务是酒店的核心产品。因此,酒店应该以宾客的需求为导向,为宾客提供高质量的服务。每个员工都应该意识到自己的服务责任,以热情、友好、专业和高效的态度对待每一位宾客。

(三)质量理念

质量是酒店生存和发展的关键。酒店应该始终坚持质量第一的原则,不断提高服务质量,使宾客感到满意。为此,酒店应该建立严格的质量标准和控制系统,对服务进行评估和改进。

(四)成本理念

酒店应该树立成本意识,每个员工都应该意识到自己的成本控制责任,节约资源,减少浪费,使酒店的利润最大化。

(五)团队理念

酒店是一个团队工作模式,团队是酒店成功的关键。酒店应该树立团队意识,加强团队建设,培养团队精神。每个员工都应该积极参与团队合作,协作完成任务,并达到酒店经营的目标。

(六)品牌理念

品牌是酒店重要的无形资产,它是酒店在宾客心中的形象和信誉的体现。酒店应该树立品牌意识,加强品牌建设,保护品牌形象,提高品牌价值。

第二节 酒店管理的职能和方法

一、酒店管理的职能

酒店管理的职能是指酒店管理者在管理过程中所需要发挥的作用和职责(图 3-3)。

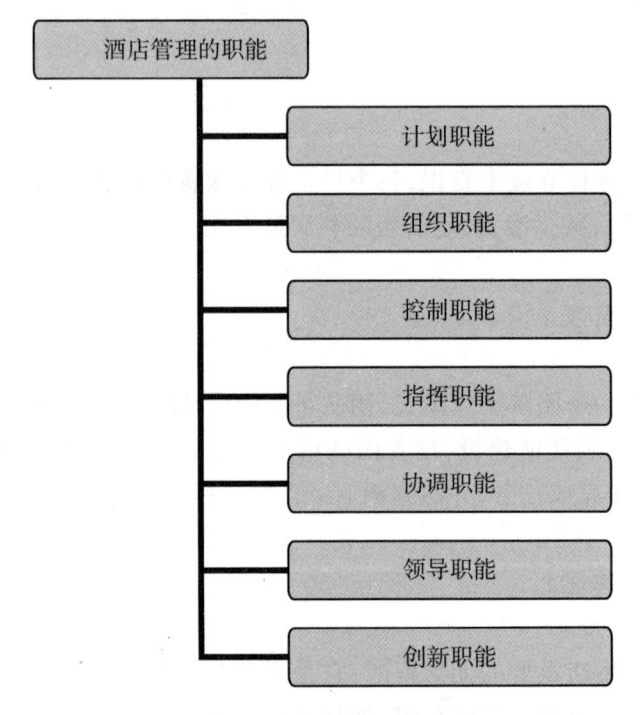

```
酒店管理的职能
├── 计划职能
├── 组织职能
├── 控制职能
├── 指挥职能
├── 协调职能
├── 领导职能
└── 创新职能
```

图 3-3 酒店管理的职能

(一)计划职能

酒店管理计划职能是指酒店管理者制定酒店的发展计划和战略,明确酒店的发展方向和目标,并确保这些计划得到有效的实施和控制。计划职能是酒店管理的首要职能,它涉及对市场趋势、竞争状况、客人需求等因素的分析和预测,以此制定适合酒店发展的经营计划和预算。计划职能的具体内容包括以下几个方面。

1. 确定酒店的目标和市场定位

酒店管理者需要深入了解市场和客人需求,根据酒店的实际情况,确定酒店的目标和市场定位,为酒店的发展指明方向。

2. 制定经营计划

酒店管理者需要根据酒店的目标和市场定位,制定相应的经营计划,包括客房、餐饮、会议等业务的经营策略和方案。

3. 编制预算

酒店管理者需要编制预算,对酒店的财务收支进行规划和控制,确保酒店的经营效益达到预期目标。

4. 制定人力资源管理计划

酒店管理者需要制定人力资源管理计划,包括人员招聘、培训、考核等方面的内容,提高员工的工作素质和能力,为酒店的发展提供人才保障。

5. 制定市场营销计划

酒店管理者需要制定市场营销计划,包括市场推广、销售策略、客户管理等方面的内容,提高酒店的市场竞争力和品牌形象。

(二)组织职能

酒店管理的组织职能是指酒店管理者建立合理的组织结构,明确各部门、各岗位的职责和权限,确保酒店的运营和管理能够高效地进行。组织职能是酒店管理的基础职能,具体内容包括以下几个方面。

1. 设计组织结构

酒店管理者需要根据酒店的规模、目标和市场定位,设计合理的组织结构,包括部门设置、岗位设置、工作职责设置等。

2. 制定岗位说明书

酒店管理者需要制定岗位说明书,明确各岗位的工作职责、权限、工作要求等,为人员招聘和安排提供依据。

3. 安排人员

酒店管理者需要安排合适的人员到各岗位上,确保员工能够胜任工作,提高工作效率和质量。

4. 建立沟通渠道

酒店管理者需要建立有效的沟通渠道,确保各部门和岗位之间的信息能够及时传递和交流,提高协同工作效率。

5. 制定管理制度

酒店管理者需要制定管理制度,包括工作规范、操作流程、奖惩制度等,规范员工的工作行为和管理行为,提高管理效率和质量。

6. 制定培训计划

酒店管理者需要制定培训计划,对员工进行培训和考核,提高员工的工作素质和能力,为酒店的发展提供人才保障。

(三)控制职能

控制职能是酒店管理的必备职能,它涉及对酒店运营过程的监测、调整和改进等方面。控制职能的具体内容包括以下几个方面。

1. 制定控制标准

酒店管理者需要制定控制标准,包括经营指标、工作标准、服务质量等,为控制工作提供依据。

2. 监督执行情况

酒店管理者需要监督酒店的运营情况和管理工作,包括客人满意度、员工工作效率、成本控制系统等,及时发现和解决问题。

3. 调整措施

酒店管理者需要根据监督结果,及时调整管理和经营措施,确保酒店能够按照计划和目标进行。

4. 建立危机管理系统

酒店管理者需要建立危机管理系统,包括危机预警、应急处理、恢复服务等,确保酒店在突发事件中能够及时应对和恢复。

(四)指挥职能

酒店管理的指挥职能是指酒店管理者通过对员工的指挥和调度,使酒店各个部门和岗位能够协调一致地工作,确保酒店的运营和管理能够顺利进行。指挥职能是酒店管理的核心职能之一,它涉及对工作流程的规划、对员工任务的分配、对工作进度的监督等方面。指挥职能的具体内容包括以下几个方面。

1. 制定工作流程

酒店管理者需要制定工作流程,明确各项工作的操作流程和标准,确保员工能够按照标准流程进行工作。

2. 分配任务

酒店管理者需要根据工作流程和员工能力,合理分配任务,确保员工任务合理、有效,提高工作效率和质量。

3. 监督工作进度

酒店管理者需要监督员工的工作进度和工作质量,及时发现和解决问题,确保工作能够按时完成,达到预期质量。

4. 协调部门和岗位之间的工作

酒店管理者需要协调部门和岗位之间的工作,确保工作能够协调一致地进行,提高协同工作效率。

5. 发布指令

酒店管理者需要发布指令,包括工作指令、紧急指令等,确保员工能够及时了解和执行指令。

6. 培训和指导员工

作为酒店管理者,培训和指导员工是非常重要的。通过提供适当的培训和指导,酒店管理者可以帮助员工提高他们的工作能力和素质,以及工作效率和质量。这将有助于确保酒店的成功运营,并为客人提供优质的服务。

(五)协调职能

酒店管理的协调职能是指酒店管理者通过对内外的协调和沟通,使酒店各个部门和岗位能够协同工作,确保酒店的运营和管理能够高效地进行。协调职能是酒店管理的重要职能之一,它涉及对内对外的沟通、协调和解决各方面的问题。协调职能的具体内容包括以下几个方面。

1. 沟通协调

酒店管理者需要与内部各部门和岗位之间进行沟通协调,确保信息畅通、工作协同。

2. 解决冲突

酒店管理者需要在协调过程中解决内部冲突和矛盾,促进各部门之间的合作和协调。

3. 合作协同

酒店管理者需要促进各部门之间的合作和协同,共同实现酒店的发展目标和使命。

4. 对外协调

酒店管理者需要与外部利益相关者进行协调和沟通,包括客户、供应商、政府机构等,确保酒店能够与外部环境和谐相处。

5. 危机协调

酒店管理者需要建立危机管理系统,确保酒店在突发事件中能够及时应对和恢复。

(六)领导职能

酒店管理的领导职能是指酒店管理者通过制定战略、引导员工、激励员工等方式,引导和激励员工实现酒店的发展目标和使命。领导职能的具体内容包括以下几个方面。

1. 制定战略

酒店管理者需要制定战略,包括市场定位、经营策略、人力资源管理等方面,为酒店的发展指明方向。

2. 引导员工

酒店管理者需要引导员工,让员工明确酒店的发展目标和使命,提高员工的工作积极性和效率。

3. 激励员工

酒店管理者需要激励员工,包括物质激励、精神激励等方面,提高员工的工作满意度和忠诚度。

4. 建立企业文化

酒店管理者需要建立企业文化,包括价值观、行为规范、品牌形象等方面,增强酒店的凝聚力和竞争力。

5. 团队建设

酒店管理者需要进行团队建设,包括团队沟通、团队协调、团队领导力等方面,提高团队的协作效率和绩效。

(七)创新职能

酒店管理的创新职能是指酒店管理者通过不断探索和创新,不断引入新的管理理念和方法,提高酒店的管理水平和竞争力。创新职能是酒店管理的发展职能,它涉及对酒店管理模式的创新、对服务方式的创新、对市场推广的创新等方面。创新职能的具体内容包括以下几个方面。

1. 管理创新

酒店管理者需要不断探索新的管理理念和方法,提高酒店的管理水平和效率。例如,引入数字化管理、智能化管理、精细化管理等。

2. 营销创新

酒店管理者需要不断探索新的市场推广方式和方法,提高酒店的市场竞争力和品牌形象。例如,引入数字化营销、社交媒体营销、体验式营销等。

3. 技术创新

酒店管理者需要不断引入新的技术和设备,提高酒店的服务质量和效率。例如,引入智能化设施、绿色能源技术等。

4. 人才创新

酒店管理者需要不断探索新的招聘和培训方式,提高员工的工作素质和能力。例如,引入外部人才、内部培训和开发等。

二、酒店管理的方法

概括来说,酒店管理的基本方法包括以下几种(图3-4)。

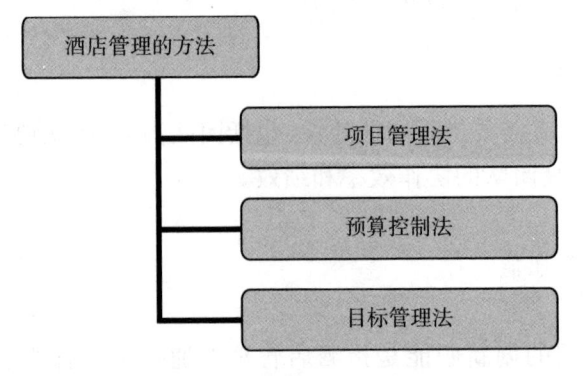

图3-4 酒店管理的方法

(一)项目管理法

项目管理法,就是将酒店作为一个项目来进行管理。这种管理方法的特点是暂不考虑酒店的长期利益,而以酒店现行运作效率为主,重视项目的自身利益。项目管理法虽然可以因不重视长期利益而影响酒店的长期发展,但它能带来显著的当期效益。这种方法主要用于在一定时期内对酒店的一次性投入和一次性的专门业务的短期行为管理。

(二)预算控制法

预算控制法,是将预算作为控制组织行为的强烈信号,以货币为主要计量单位,通过预算的编制、分解、执行、分析、反馈等系统程序的管理活动,从而保证酒店的方针和策略能有效地实施的一种控制方法。预算控制法是酒店经营活动规范化、科学化的产物。

(三)目标管理法

目标管理法,就是酒店制定出一定的目标,并由各部门管理人员运用目标来控制本部门行为的一种方法。这种方法的出发点是行为结果,是行为的思想和观念,而不是行为的过程。它强调的是通过有意识、有组织的知觉和判断把模糊的目标变成具体的指标体系,把抽象的价值观具体化、人格化、组织化。

通过运用这些方法,酒店管理者可以更好地组织、计划、控制和激励酒店各项经营活动,提高酒店的管理水平和经营效益。同时,酒店管理者还需要不断学习和掌握新的管理理论和方法,不断创新和改进酒店管理方式,以适应不断变化的市场环境和客户需求,保持酒店的竞争力和可持续发展。

第四章

服务视角下的酒店业务管理

在当今竞争激烈的商业环境中,服务视角下的酒店业务管理显得尤为重要。酒店业作为体验经济的一种,服务质量是决定酒店成功与否的关键因素。为了提供卓越的服务,酒店需要从服务视角出发,全方位地考虑和管理业务。在服务视角下,酒店业务管理不仅要关注设施、成本和营收等传统管理要素,更应关注如何为客人提供独特而愉悦的体验。

第一节　前厅管理

前厅部又称"客务部",是酒店负责招徕并接待宾客(组织客源)、销售酒店客房商品、组织接待和协调对客服务、销售餐饮娱乐等服务产品、沟通与协调酒店各部门、为客人提供各种综合服务的对客服务部门。

一、前厅部的地位

前厅部具有重要的地位,具体包括以下几方面(图 4-1)。

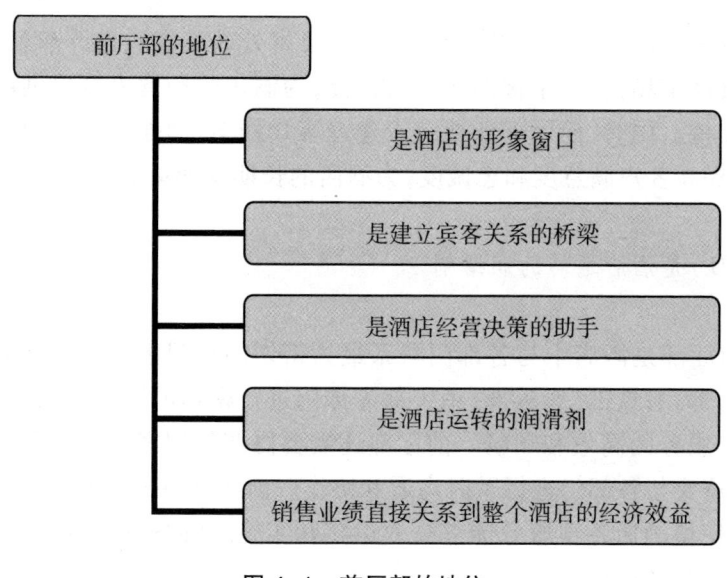

```
前厅部的地位
├── 是酒店的形象窗口
├── 是建立宾客关系的桥梁
├── 是酒店经营决策的助手
├── 是酒店运转的润滑剂
└── 销售业绩直接关系到整个酒店的经济效益
```

图 4-1　前厅部的地位

(一)是酒店的形象窗口

前厅部是酒店的形象窗口,负责接待顾客、办理入住手续、提供咨询服务等。前厅员工的服务态度和专业水平对顾客的满意度和酒店形象至关重要。前厅部的员工必须具备良好的气质风度、职业道德素养以及主动、热情、周到的服务态度。

(二)是建立宾客关系的桥梁

前厅部是酒店中与客人接触最多的部门之一。前厅部的员工在客人入住、退房、咨询、投诉等过程中,与客人进行直接的交流和接触,这使得前厅部成为建立宾客关系的重要环节。前厅部可以通过良好的服务态度和专业的服务技能,与客人建立良好的关系,增强客人对酒店的信任和满意度。同时,前厅部还可以通过收集和反馈客人的意见和建议,不断改进和完善对客服务,提高客人对酒店的评价和忠诚度。

(三)是酒店经营决策的助手

前厅部是酒店与外界联系的窗口,负责处理宾客的投诉和意见,收集和反馈市场信息,掌握酒店经营情况,为酒店的经营决策提供数据和信息支持。同时,前厅部还要负责建立客户档案,加强对客人的服务和管理,提高客户满意度和忠诚度,为酒店的长期发展奠定基础。

(四)是酒店运转的润滑剂

前厅部是酒店中与各部门联系最为密切的部门之一。前厅部需要与客房部、餐饮部、康乐部、销售部等部门进行密切的协作和沟通,以确保对客服务的高效和顺畅。前厅部还需要协调处理客人投诉和突发事件,这需要与各部门进行及时沟通和协作。前厅部通过与各部门的紧密合作,使得酒店各项服务能够高效运转和实施,从而提高酒店的整体运营效率和竞争力。

(五)销售业绩直接关系到整个酒店的经济效益

前厅部是酒店中最重要的销售渠道之一。前厅部负责接待客人、销售客房和其他服务产品,是酒店吸引客源、增加收入的重要环节。前厅部销售业绩的好坏,将直接影响到酒店的经济效益和经营情况。前厅部可以通过以下方式提高销售业绩。

1. 了解客人的需求和喜好

前厅部员工可以通过与客人进行沟通,了解客人的需求和喜好,从而根据客人的需求和喜好推荐相应的服务产品,提高销售业绩。

2. 提供个性化的服务

前厅部员工可以根据客人的个人特点和生活习惯,提供个性化的服务,提高客人的满意度和忠诚度,增加再次消费的可能性。

3. 加强与客人的联系

前厅部员工可以通过发放问候卡、生日祝福等方式,加强与客人的联系,提高客人的归属感和满意度,增加再次消费的可能性。

4. 开展促销活动

前厅部可以通过开展促销活动,吸引更多的客源,提高销售业绩。例如,通过推出特价房、赠送礼品等方式,吸引客人前来消费。

二、前厅部的主要职责

具体来说,前厅部的主要职责包括以下几方面(图4-2)。

(一)客户接待

客户接待是酒店前厅部的重要职责之一,以下是一些关于客户接待的细节和注意事项。

1. 语言礼貌

在接待客户时,要用礼貌的语言,态度热情,让客人感受到酒店的优质服务。

2. 快速响应

要及时响应客人的需求和问题，不要让客人等待过久，以免让客人感到不满和失望。

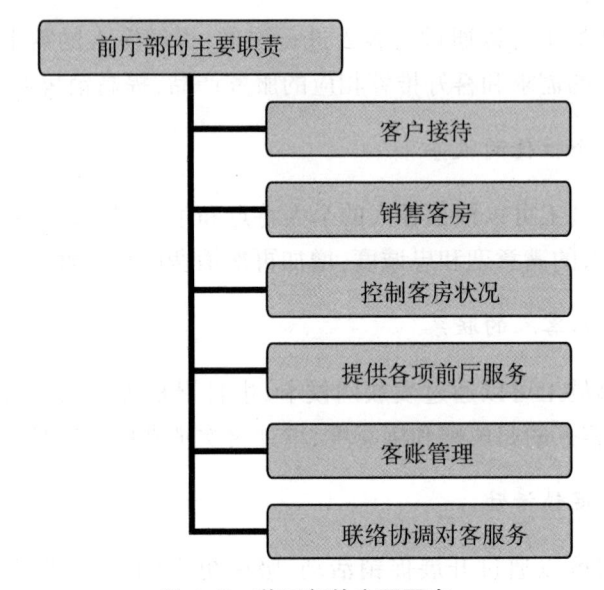

```
前厅部的主要职责
├── 客户接待
├── 销售客房
├── 控制客房状况
├── 提供各项前厅服务
├── 客账管理
└── 联络协调对客服务
```

图 4-2　前厅部的主要职责

3. 关注客户需求

在接待客户时，要关注客户的需求，了解客户的住宿目的和需求，以便为客人提供更好的服务。

4. 信息准确

在登记入住、安排房间等方面，要确保客户信息准确无误，不要出现错误和遗漏。

5. 协助客人

在客人入住期间，要主动协助客人解决各种问题，如提供旅游咨询、推荐当地景点等。

6. 细节注意

在接待客人时，要注意细节，如保持工作区域的整洁和秩序，不要让客人感到混乱和不便。

7. 反馈及时

如果客人在住宿期间出现任何问题或投诉,要及时反馈给相关部门并积极解决问题,以确保客人的满意度和忠诚度。

(二)销售客房

销售客房是酒店前厅部的重要功能之一,也是前厅部的首要任务之一。以下是一些关于销售客房的细节和注意事项。

1. 熟悉产品

前厅部员工需要熟悉酒店的各种产品,包括不同类型的房间、设施、服务等,以便能够向客户推荐最适合他们的产品。

2. 了解市场需求

前厅部员工需要了解市场需求和趋势,以便制定合适的销售策略和计划。

3. 与客户沟通

前厅部员工需要与客户进行有效的沟通,了解他们的需求和偏好,并提供专业的建议和指导。

4. 灵活应变

前厅部员工需要灵活应变,根据市场和客户的需求变化调整销售策略和方案。

5. 建立客户关系

前厅部员工需要建立客户关系,与客户保持联系,了解他们的反馈和需求,并提供个性化的服务。

6. 协同合作

前厅部员工需要与其他部门进行协同合作,共同完成客户的销售需求,并提供全面的服务。

7. 销售技巧

前厅部员工需要掌握一定的销售技巧,如何与客户沟通、如何了解客户的需求和偏好、如何处理客户的异议等。

(三)控制客房状况

控制客房状况是前厅部的重要职责之一,需要通过以下措施来实现。

1. 根据预订和预测情况调整客房状态

前厅部需要根据客房的预订情况、预测的入住率和退房时间等因素,及时调整客房状态,以确保客房的充分利用和收益的最大化。例如,如果某间客房已经被预订,可以将该房间状态设置为"已售出";如果没有预订,则可以将房间状态设置为"可售"等。

2. 监测客房入住情况

前厅部需要实时监测客房入住情况,包括客人入住时间、退房时间、换房情况等,以便及时处理客人的请求,同时为客房销售和分配提供准确依据。

3. 准确显示每个房间的状态

前厅部需要将每个房间的状态准确地显示在系统中,如住客房、走客房、待打扫房、待售房、维修房等,以便为客房的销售和分配提供可靠依据。同时,前厅部还需要确保房间状态的信息实时更新,如在客人退房后及时将房间状态更新为"走客房"。

4. 合理控制客房库存

前厅部需要根据客房状态和客人需求,合理控制客房库存,避免出现客房过剩或不足的情况。例如,在旅游旺季,前厅部需要适当增加客房库存,以应对客流高峰。

5. 推销客房

前厅部需要积极向客人推销客房,尤其是待售房和维修房等状态不佳的客房,以增加客房的销售额和酒店的收益。同时,前厅部还可以通过房间升级、特别优惠等手段吸引客人选择酒店客房。

(四)提供各项前厅服务

前厅部是酒店门面,负责接待客人、提供各项服务,以下是前厅部常见的服务。

1. 预订服务

前厅部可以通过电话、网络等方式接受客人的预订请求,提供房间预订、入住预订、离店预订等服务。

2. 接待服务

前厅部负责接待客人,为客人办理入住手续、寄存行李、安排房间等,同时向客人介绍酒店的各种设施和服务。

3. 支付服务

前厅部可以为客人提供支付服务,包括房费、餐饮费、洗衣费等。

4. 信息服务

前厅部可以向客人提供各种信息服务,如当地旅游景点、交通信息、餐厅信息等。

5. 投诉处理

前厅部需要处理客人的投诉和意见,为客人提供满意的解决方案,同时将客人的反馈意见汇报给相关部门。

6. 安全管理

前厅部需要确保客人的安全,对客人的个人信息和隐私进行保护,同时加强对酒店入口、前台等区域的安保措施。

7.协助客人出行

前厅部可以为客人提供出行协助,如叫车、订票等服务。

(五)客账管理

客账管理是前厅部的重要职责之一,涉及客人的住宿费用、账单结算、账户信息等方面的管理。以下是客账管理的主要内容。

开立住客账户:前厅部需要在客人入住时开立住客账户,将客人的信息、房间号、住宿费用等记录在账户中,为后续的账单结算和账户管理提供方便。

业务分析并累计客账:前厅部需要对客人的住宿费用进行分析,包括房费、附加服务费用等,同时累计客人的账户信息,为客人提供全面的服务。

办理宾客离店结账手续:前厅部需要在客人离店时为其办理结账手续,将客人的住宿费用、附加服务费用等结算清楚,同时提供相应的账单和发票。

处理夜间审计:前厅部需要在每晚规定的时间内进行夜间审计,对当日的客房状态、入住情况、退房情况等进行审核,确保账务准确无误。

提供外汇兑换服务及贵重物品保管服务:前厅部可以提供外汇兑换服务,同时为客人提供贵重物品的保管服务,确保客人的财产安全。

(六)联络协调对客服务

前厅部是酒店中负责联络和协调对客服务的重要部门之一,以下是一些常见的联络和协调对客服务。

与其他部门协调:前厅部需要与其他部门进行协调,如客房部、餐饮部、娱乐部等,确保客人能够获得全面的服务。例如,当客人需要清洁房间或补充客房用品时,前厅部需要与客房部协调,确保及时为客人提供服务。

与外部机构协调:前厅部需要与外部机构进行协调,如医院、公安局等,为客人提供应急服务和支持。例如,当客人出现紧急疾病或发生意外事故时,前厅部需要与医院和公安局协调,为客人提供及时的治疗和帮助。

接受客人投诉和意见：前厅部需要接受客人的投诉和意见，并及时进行反馈和处理。例如，当客人对酒店的服务不满意时，前厅部需要认真听取客人的意见，并及时采取措施进行改进。

为客人提供信息咨询：前厅部可以向客人提供各种信息咨询，如当地旅游景点、交通信息、餐饮信息等。前厅部需要确保信息的准确性和及时性，为客人提供更好的服务。

建立和维护客人档案：前厅部需要在客人入住期间建立和维护客人档案，记录客人的个人信息和住宿情况，为客人提供更好的服务和支持。

三、前厅部管理的特点

与其他业务相比，前厅部管理具有显著的特点，概括来说，这些特点主要包括以下几方面（图 4-3）。

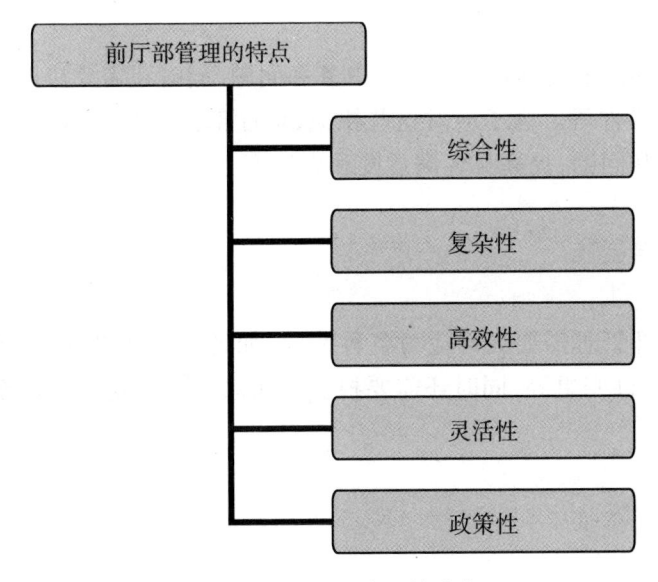

图 4-3 前厅部管理的特点

（一）综合性

前厅部是联结酒店内外的窗口，是酒店管理的综合部门。它主要负责前厅的各项服务和管理工作,确保酒店宾客得到优质的服务体验。前厅部是酒店管理的综合部门,具有综合性的特点。

(二)复杂性

前厅部管理涉及对客服务、预订、接待、收银、商务中心等多个方面,同时还包括协助酒店其他部门工作,以及处理突发事件等。前厅部管理的复杂性体现在各个方面都需要高效协调和处理,如处理宾客投诉、安排客房清洁、处理预订变更等,同时还需要根据酒店政策和规定及时调整对客服务策略。为了提高前厅部管理的效率和质量,酒店通常会加强对前厅部员工的培训和考核,确保他们能够提供高质量的服务和应对各种复杂情况的能力。同时,酒店也会加强对前厅部管理的监督和反馈机制,及时发现和解决问题,提高前厅部管理的水平和服务质量。

(三)高效性

前厅部需要处理各种复杂的事务和问题,同时还需要协助其他部门处理突发事件等。为了应对这些挑战,前厅部需要高效运转,迅速处理各项事务和问题,提高宾客满意度和忠诚度。

(四)灵活性

前厅部管理需要灵活应对各种情况,如处理宾客投诉、安排客房清洁、处理预订变更等,同时还需要根据酒店政策和规定及时调整对客服务策略。

(五)政策性

前厅部员工在提供对客服务时,不仅需要了解和遵守酒店内部的政策和规定,还需要熟悉和掌握与酒店行业相关的国家和地方的政策和法规。这是因为前厅部员工需要对客人的问题和投诉进行及时处理,同时也要保护酒店的利益,遵守相关的政策和法规。以下是前厅部员工需要熟悉和掌握的相关政策和法规。

1. 酒店行业的政策和法规

前厅部员工需要了解酒店行业的政策和法规,包括星级酒店评定标准、酒店服务质量标准、酒店价格政策等。

2. 消费者权益保护法

前厅部员工需要了解和掌握消费者权益保护法,包括消费者的权利和义务、消费者维权的方式和途径等。

3. 合同法

前厅部员工需要了解和掌握合同法,包括合同的订立、履行、变更和解除等方面的规定。

4. 劳动法

前厅部员工需要了解和掌握劳动法,包括劳动者的权利和义务、劳动合同的订立和变更等方面的规定。

5. 隐私保护法

前厅部员工需要了解和掌握隐私保护法,包括个人信息保护、隐私权等方面的规定。

四、前厅部管理的内容

前厅部管理是对前厅部工作进行计划、组织、指挥、控制和协调,以实现前厅部预定目标和提高前厅部服务质量的各项活动。前厅部是酒店管理中的重要部门,是酒店的门面和形象代表,也是酒店对客服务和管理的重要环节。前厅部管理的核心内容主要包括以下几方面(图4-4)。

(一)提高客户满意度

前厅部是客户进入酒店后首先接触的部门,其服务质量和态度直接影响客户的印象和评价。因此,提高客户满意度是前厅部管理的首要任务。为了提高客户满意度,前厅部管理需要做到以下几点。

第一,热情周到的接待服务,如微笑、礼貌用语、快速办理入住手续等。

第二,准确的客房信息,如客房位置、客房设施、客房价格等。

第三,良好的环境卫生,如地面、桌面、房间的清洁等。

第四,完善的售后服务,如退换房、维修服务、代客购物等。

第五,合理的投诉处理,如及时、公正、道歉等。

```
前厅部管理的内容 ─┬─ 提高客户满意度
                  ├─ 强化客房管理
                  ├─ 优化前台管理
                  ├─ 增强团队建设
                  └─ 提高工作效率
```

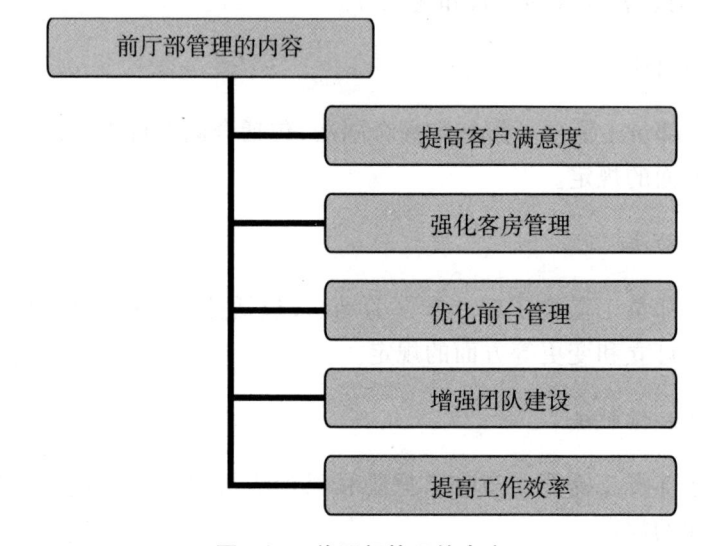

图4-4 前厅部管理的内容

(二)强化客房管理

前厅部负责客房的销售和管理工作,包括客房清洁、客房状态控制、客房服务安排等。加强客房管理,提高客房质量和效率,是前厅部管理的重要内容。具体包括以下几点。

第一,安排客房清洁服务,确保客房卫生整洁。

第二,控制客房状态,合理安排客房销售和预订。

第三,安排客房服务,如送餐、洗衣等。

第四,定期对客房设施进行检查和维护。

（三）优化前台管理

前厅部前台是酒店对客服务的重要窗口，其服务质量和效率直接影响客户体验和酒店形象。优化前台管理，提高前台服务质量和效率，是前厅部管理的重要任务。具体包括以下几点。

第一，提高前台员工的素质和服务技能。

第二，优化前台工作流程，提高工作效率。

第三，加强前台的客户服务和销售工作。

第四，建立前台服务标准和考核机制。

（四）加强团队建设

前厅部是一个需要高度协作和沟通的团队，加强团队建设，提高员工素质和工作效率，是前厅部管理的重要内容。具体包括以下几点。

第一，加强部门内部的沟通和协作，建立良好的工作氛围。

第二，提高员工素质和工作技能。

第三，定期开展团队建设和培训活动。

第四，建立激励机制和奖励制度。

（五）提高工作效率

前厅部工作烦琐，需要高效地管理和运作，提高工作效率是前厅部管理的关键目标。具体包括以下几点。

第一，优化工作流程，减少重复操作。

第二，使用信息技术和自动化设备，提高工作效率。

第三，加强员工培训，提高员工素质和工作技能。

第四，引进先进的管理理念和技术手段。

综上所述，前厅部管理的内容包括提高客户满意度、强化客房管理、优化前台管理、增强团队建设和提高工作效率。这些内容都是前厅部管理的重要任务，其实现需要部门经理和员工的共同努力。同时，前厅部管理还需要密切配合其他部门的工作，共同为提高酒店整体服务质量和管理水平而努力。

第二节 客房管理

酒店客房管理又称"房务管理"或"管家部",是酒店的重要职能之一,主要负责管理酒店有关客房事物。

一、客房部的地位

客房部具有重要的地位,概括来说主要包括以下几方面(图4-5)。

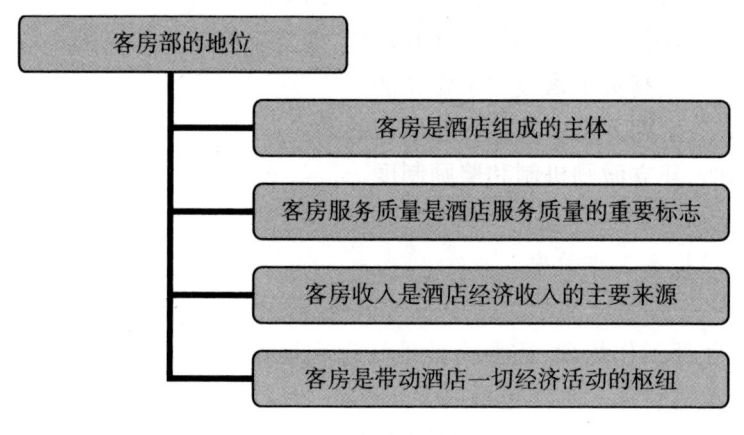

```
客房部的地位
├── 客房是酒店组成的主体
├── 客房服务质量是酒店服务质量的重要标志
├── 客房收入是酒店经济收入的主要来源
└── 客房是带动酒店一切经济活动的枢纽
```

图4-5 客房部的地位

（一）客房是酒店组成的主体

酒店是向旅客提供生活需要的综合服务设施,它必须能向旅客提供住宿服务,而要住宿必须有客房,从这个意义上来说,有客房便能成为酒店,所以说客房是酒店存在的基础。同时,客房的质量和管理水平直接影响着酒店的经济效益。因此,客房在酒店中占据着至关重要的地位,是酒店存在和发展的基础。

(二)客房服务质量是酒店服务质量的重要标志

客房作为酒店的主要组成部分,其服务质量直接影响着客人的住宿体验和对酒店的评价。客房服务包括房间的清洁、设施的维护、客用品的供应、安全保障等方面,这些细节都直接关系到客人的舒适度和满意度。如果客房服务质量不高,客人就会对酒店整体服务质量产生怀疑,甚至会影响他们对酒店的评价和口碑。因此,客房服务质量是酒店服务质量的"晴雨表",酒店应该高度重视客房服务质量的提升,为客人提供高品质的住宿体验。

(三)客房收入是酒店经济收入的主要来源

客房作为酒店的主要组成部分,其入住率和房价直接影响着酒店的经济收入。一般来说,客房收入在酒店总收入中所占的比例较大,是酒店经济收入的主要来源之一。客房收入的多少取决于客房的设施、舒适度、清洁程度、地理位置等因素,以及客人的需求和偏好。如果客房收入能够得到有效提升,将有助于提高酒店的经济效益和盈利能力。因此,客房收入是酒店经济收入的主要来源之一,对酒店的经济效益和长远发展具有重要意义。

(四)客房是带动酒店一切经济活动的枢纽

客房是酒店最基本也是最重要的部门之一,它是带动酒店一切经济活动的枢纽。以下是一些关于客房对酒店经济活动的影响。

1. 经营活动

客房销售情况还影响到酒店的其他经营活动,如餐饮、会议和娱乐设施。如果客房销售不佳,那么客流量就会减少,这些附加服务的收入也会随之下降。

2. 品牌形象

客房的状况和设施水平也会影响酒店品牌形象。如果酒店的客房设施陈旧、卫生不佳,那么就会影响客人对酒店的整体评价,从而影响酒店的声誉和形象。

3. 人力资源管理

客房部门需要大量的员工进行清洁和维护工作。如果客房销售情况良好，那么就会有更多的工作机会，这对于缓解就业压力有很大的帮助。

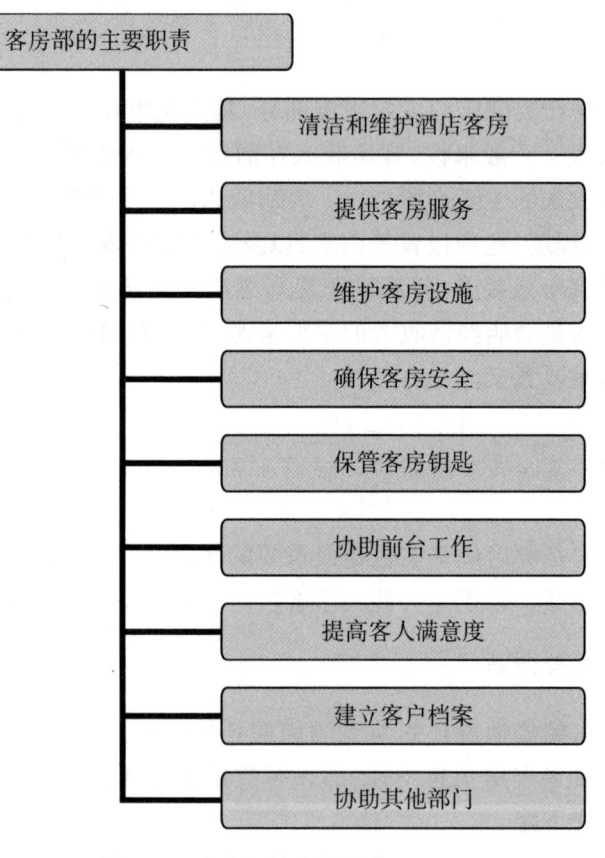

二、客房部的主要职责

客房部的主要职责包括以下几方面（图 4-6）。

```
客房部的主要职责
├── 清洁和维护酒店客房
├── 提供客房服务
├── 维护客房设施
├── 确保客房安全
├── 保管客房钥匙
├── 协助前台工作
├── 提高客人满意度
├── 建立客户档案
└── 协助其他部门
```

图 4-6　客房部的主要职责

（一）清洁和维护酒店客房

客房部负责定期清洁和维护酒店客房,确保客房的卫生、整洁和安全。这包括更换床单、被套、毛巾和浴巾等,同时也需要对客房内的设施进行维护和保养。

（二）提供客房服务

客房部需要提供各种客房服务,如清理房间、送餐服务、提供洗衣服务等。客人可以通过电话或者房间内的服务面板订购这些服务。

（三）维护客房设施

客房部需要定期检查和维护客房内的设施,确保它们正常运行。这包括更换灯泡、修理水龙头、更换门锁等。

（四）确保客房安全

客房部需要确保客房的安全,采取措施防止盗窃和火灾等安全问题。这包括定期检查消防设施、安装安全门锁、定期进行安全演习等。

（五）保管客房钥匙

客房部需要保管客房钥匙,确保只有授权人员可以进入客房。这是为了保障客人的安全和隐私,避免非授权人员进入客房造成损失和风险。客房部的员工需要按照规定使用和保管客房钥匙,确保钥匙的使用和归还记录清晰可查。同时,为了防止钥匙遗失或被盗用,客房部还需要定期更换客房钥匙,并进行钥匙使用情况的检查和监督。

（六）协助前台工作

客房部需要协助前台接待员进行登记入住、退房等工作。这是因为在酒店业中,客房销售和前台接待员的工作紧密相关。前台接待员需要处理客人的预订、登记、退房等流程,而客房部则需要提供客房清洁和服务等增值服务。因此,客房部需要与前台接待员紧密协作,确保客人在入住和退房过程中能够得到及时、高效的服务。同时,客房部还需要协助前台接待员解决客人的问题和需求,提供全方位的服务体验,以增加客人的满意度和忠诚度。

（七）提高客人满意度

客房部需要提供优质的服务,使客人感到舒适和满意。这是因为在酒店业中,客人的满意度和忠诚度对酒店的经营和发展至关重要。客房部需要提供热情周到的服务,及时解决客人的问题,提供个性化的服务,让客人感受到酒店的关怀和关注。同时,客房部还需要不断改进和提高服务质量,关注客人的需求和反馈,不断优化服务流程和标准,提高客人的满意度和忠诚度,为酒店创造更多的价值。

（八）建立客户档案

客房部需要为经常光顾的客人建立档案,了解他们的喜好和需求,以便提供更加个性化的服务。这是因为在酒店业中,忠诚的客人对酒店的发展至关重要。通过建立客人档案,客房部可以更好地了解客人的喜好和需求,提供更加个性化的服务,增加客人的满意度和忠诚度。同时,客房部还可以通过客人的反馈和意见,不断改进和提高服务质量,为客人提供更好的入住体验。建立客人档案还可以帮助酒店更好地管理客房库存和安排清洁服务等工作,提高酒店的经营效率和客户满意度。

（九）协助其他部门

客房部需要协助其他部门完成酒店的各种活动和服务。这是因为在酒店业中,各个部门之间需要紧密协作,才能提供高质量的服务和体验。客房部需要与其他部门协作,如提供会议服务、餐饮服务等,确保活动的顺利进行并满足客人的需求。

三、客房部主要管理岗位的职责

客房部的主要管理岗位有客房部经理、楼层主管、洗衣房主管、公共区域主管等,下面仅对前三个管理岗位的职责进行简要阐述。

(一)客房部经理的职责

客房部经理负责客房部的全面工作,包括制定工作计划、安排员工工作、监督客房卫生和服务质量、处理客人投诉等。以下是客房部经理的主要职责。

1. 制定工作计划

客房部经理需要制定部门的工作计划和目标,包括客房清洁、维护和物资采购等方面的计划,确保部门工作的高效运行。

2. 监督客房卫生和服务质量

客房部经理需要监督客房的卫生和服务质量,确保客房干净、整洁、安全、舒适,提供高质量的服务体验。

3. 安排员工工作

客房部经理需要合理安排员工的工作,确保员工的工作任务和工作时间符合部门工作计划和客人需求。

4. 处理客人投诉

客房部经理需要处理客人的投诉和反馈,及时解决客人问题,提高客人满意度和忠诚度。

5. 设备和用品管理

客房部经理需要管理和维护客房设备和用品,确保设备和用品的充足供应和正常运行,避免浪费和损失。

6. 成本控制和管理

客房部经理需要控制部门的成本,包括人力成本、物资成本和其他成本,提高部门经济效益。

7.员工培训和管理

客房部经理需要负责员工的培训和管理,提高员工的服务技能和工作效率,增强员工的归属感和团队凝聚力。

(二)楼层主管的职责

酒店楼层主管的职责主要包括以下几个方面。

1.监督和指导员工工作

楼层主管需要监督和指导员工的工作,确保员工按照酒店的标准和程序进行清洁、维护和接待工作。

2.控制成本

楼层主管需要控制房间清洁和维护的成本,包括人力、物资和能源等方面的成本。

3.协调团队合作

楼层主管需要协调团队之间的合作,确保各个岗位之间的协作顺畅,提高工作效率。

4.处理客人投诉

楼层主管需要处理客人的投诉和反馈,提供优质的客户服务,提高客人满意度和忠诚度。

5.设备维护

楼层主管需要负责客房设备的维护和保养,确保设备正常运行,避免损失和故障。

6.员工培训

楼层主管需要负责员工的培训和指导,提高员工的服务技能和工作效率。

7. 完成上级安排的任务

楼层主管需要完成上级安排的任务,如协助其他部门完成工作、参加各种会议和培训等。

(三)洗衣房主管的职责

洗衣房主管的职责主要包括以下几个方面。

1. 管理和监督洗衣房的日常工作

洗衣房主管需要管理和监督洗衣房的日常工作,包括审核洗涤需求、安排员工工作、监控洗涤质量和效率等。

2. 确保洗涤质量符合标准

洗衣房主管需要确保洗涤质量符合酒店的标准,包括洗涤程序、卫生标准、客用品更换等,保证洗涤质量符合客人的需求和期望。

3. 成本控制和管理

洗衣房主管需要控制洗衣房的成本,包括洗涤剂、能源和其他消耗品的成本,以及人力成本等,提高洗衣房的经济效益。

4. 设备维护和保养

洗衣房主管需要负责设备的维护和保养,包括审核设备需求、安排维护和保养工作、监督设备运行状况等,确保设备正常运行和延长设备寿命。

5. 员工培训和管理

洗衣房主管需要负责员工的培训和管理,包括制定培训计划、组织实施培训、员工绩效评估等,提高员工的服务技能和工作效率。

6. 与其他部门协作

洗衣房主管需要与其他部门进行协作,如客房部、餐饮部等,协调洗涤需求和服务流程等,提高酒店的服务质量和效率。

7. 完成上级安排的任务

洗衣房主管需要完成上级安排的任务,如参加各种会议和培训、协助其他部门完成工作等。

四、客房部管理的特点

客房部的管理特点主要包括以下几方面(图4-7)。

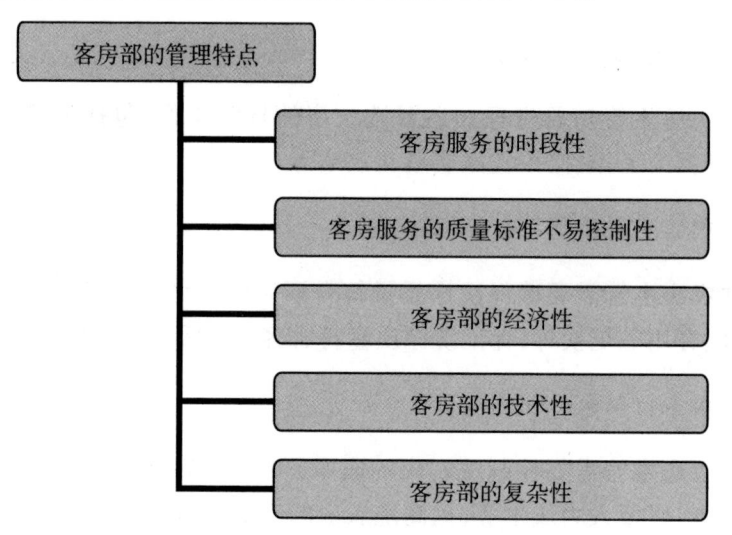

```
客房部的管理特点
├── 客房服务的时段性
├── 客房服务的质量标准不易控制性
├── 客房部的经济性
├── 客房部的技术性
└── 客房部的复杂性
```

图 4-7　客房部的管理特点

(一)客房服务的时段性

客房服务的时段性是指酒店以时间为单位把客房的使用权暂时出售给某位顾客。以下是客房服务的时段性的几个特点。

1. 临时使用权

当顾客购买客房使用权时,他们只是购买了暂时的使用权,而房间的所有权仍然归酒店所有。

2. 交易的灵活性

酒店可以根据市场需求和顾客需求,将客房的使用权分不同时间段出售。例如,可以提供 24 小时入住服务,以满足不同顾客的需求。

3. 服务的持续性

虽然客房使用权是暂时的,但酒店需要提供持续的服务,如清洁房间、提供设施等,以确保顾客的住宿体验。

(二)客房服务的质量标准不易控制性

客房服务与宾客的感受联系紧密,不同的人在不同的时间对同一间客房的感受和要求也不尽相同,这使得客房的质量标准不易控制。

(三)客房部的经济性

客房部在酒店的盈利中所占的比例是最大的,它不仅向宾客销售客房商品、提供各种服务,而且为酒店带来可观的经济收入。

(四)客房部的技术性

随着科技的发展,各种新技术、新设备、新材料不断涌现,并被广泛地应用于客房的设施设备中,要求员工掌握一定的专业技术知识。

(五)客房部的复杂性

客房部具有复杂性的特点,主要表现在以下几个方面。

1. 工作内容复杂

客房部的工作范围广,涉及的内容复杂,包括客房的清洁保养、客房设施设备的维修保养、客人的服务等。

2. 宾客需求复杂

客房部的服务对象是宾客,不同宾客的需求和要求各不相同,这使得客房部员工需要提供多样化的服务,满足不同宾客的需求。

3. 部门协调复杂

客房部需要与其他部门进行协调和配合,如前台、餐饮部、工程部等,以确保客房的正常使用和提供优质的服务。

4. 管理难度大

由于客房部的工作具有时段性和随机性,加上宾客的需求复杂多变,这加大了管理难度,需要客房部具备较高的管理和协调能力。

5. 成本压力大

客房部的运营成本较高,如人工成本、清洁成本、设备设施维护成本等,要求客房部具备较高的成本控制能力。

6. 竞争压力大

随着酒店业竞争的加剧,客房部需要不断提高服务质量和创新能力,以保持竞争优势。

第三节 餐饮管理

一、餐饮部的地位

餐饮部的地位主要包括以下几方面(图 4-8)。

(一)餐饮部是酒店满足顾客基本生活需求的主要服务部门

在酒店中,餐饮部门是非常重要的一个部门,因为它不仅要提供餐饮服务,还要满足顾客的基本生活需求,如喝咖啡、喝茶、品尝当地美食等。酒店餐饮部门的服务质量直接影响顾客对酒店的评价和满意度,因此酒店应该加强餐饮部门的管理和服务培训,提高餐饮部门的服务质量和效率,以满足顾客的需求和期望。

```
餐饮部的地位
├── 餐饮部是酒店满足顾客基本生活需求的主要服务部门
├── 餐饮收入是酒店收入的重要组成部分
├── 餐饮部的经营活动是酒店营销活动的重要组成部分
├── 餐饮部的管理和服务水平直接影响酒店声誉
└── 餐饮部是平衡酒店经营中季节性差异的重要手段之一
```

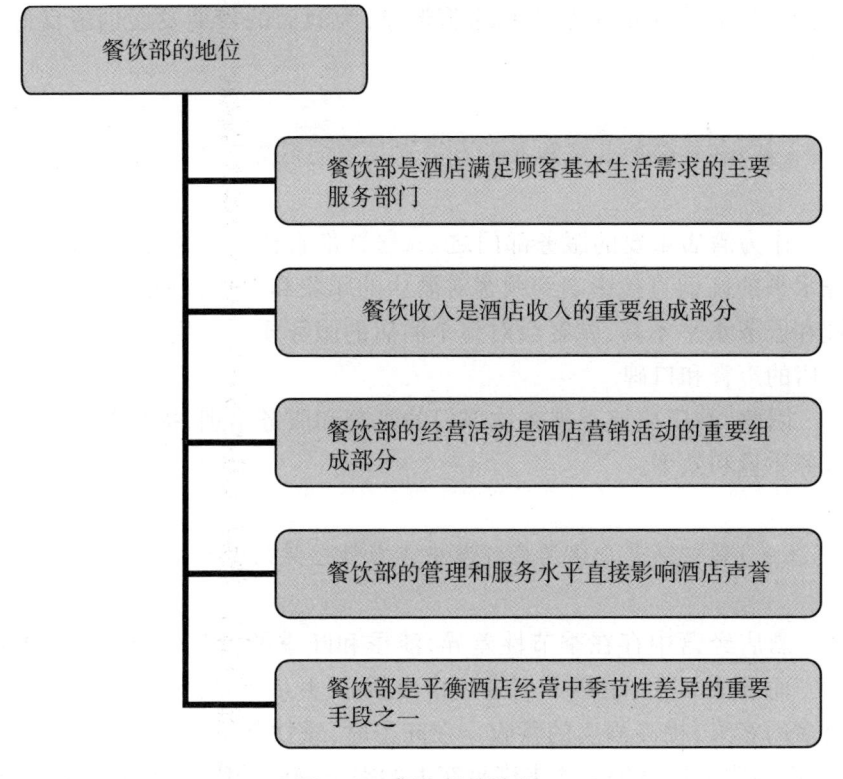

图 4-8　餐饮部的地位

（二）餐饮收入是酒店收入的重要组成部分

酒店餐饮部门的收入主要来自客房送餐、餐厅和酒吧的销售等方面。其中，早餐、午餐和晚餐等餐饮服务是酒店餐饮收入的主要来源之一。此外，一些高端酒店还会提供私人用餐、主题晚宴、婚礼等餐饮服务，以满足客人的不同需求。

酒店餐饮部门的收入不仅能够为酒店带来可观的经济收入，还能够提高酒店的服务质量和品牌形象，为酒店的长期发展奠定基础。

（三）餐饮部的经营活动是酒店营销活动的重要组成部分

酒店餐饮部的经营活动包括多个方面，如客房送餐、餐厅和酒吧的销售、婚礼宴会等。这些经营活动能够为酒店带来可观的经济收入，还能够提高酒店的美誉度和品牌形象,为酒店的长期发展创造良好的条件。

(四)餐饮部的管理和服务水平直接影响酒店声誉

作为酒店重要的服务部门之一,餐饮部直接面向顾客,其管理和服务水平的高低直接影响到顾客对酒店的印象和评价。如果餐饮部的管理和服务水平不高,顾客会对整个酒店的服务质量产生怀疑,从而影响酒店的声誉和口碑。

因此,酒店应该重视餐饮部门的管理和服务培训,提高餐饮部门的服务质量和效率。

(五)餐饮部是平衡酒店经营中季节性差异的重要手段之一

酒店经营中存在季节性差异,淡季和旺季的营收会出现明显的波动。而餐饮部可以在淡季时通过推出新品、开展促销活动等方式来吸引更多的客人,提高酒店的营收。在旺季时,餐饮部可以通过增加服务项目、提高服务质量等方式来满足客人的需求,确保酒店营收的稳定。

此外,由于餐饮服务的需求较为弹性,餐饮部可以及时调整菜单、价格等来适应市场和顾客需求的变化,以此平衡酒店经营中的季节性差异。

二、餐饮部的主要职责

概括来说,餐饮部的主要职责包括以下几方面(图4-9)。

(一)提供满足顾客需要的优质食品和饮料

对各种档次和风格的酒店,其餐饮部需要根据目标客群的需求和消费水平,提供相应档次和风格的产品。例如,高端酒店需要提供精致、奢华的餐饮体验,而经济型酒店则需要提供经济、实惠的餐饮服务。

此外,餐饮部还需要关注产品的多样性,以满足不同客人的需求。这包括提供各种菜系、季节菜品、特色菜品等,以及定期更新菜单,保持新鲜感和吸引力。

```
餐饮部的主要职责
├── 提供满足顾客需要的优质食品和饮料
├── 扩大营业收入、提高创利水平
├── 向顾客提供满足需要的、恰到好处的服务
└── 为酒店树立良好的社会形象
```

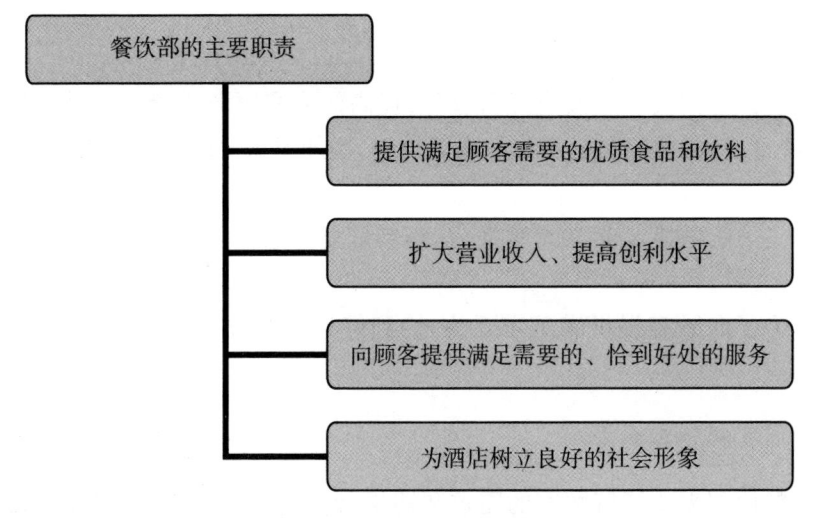

图 4-9　餐饮部的主要职责

（二）扩大营业收入、提高创利水平

为了扩大营业收入和提高创利水平，餐饮部需要采取一系列措施，主要包括以下几方面。

1. 增加菜品种类和特色

餐饮部需要不断更新菜单，增加新菜品和特色菜品，以满足客人的口味和需求。通过推出新颖、有特色的菜品，可以吸引更多客人，提高销售额和利润水平。

2. 促销活动

餐饮部可以定期开展促销活动，如打折、赠品、优惠券等，吸引更多客人。通过促销活动，可以提高销售额和客流量，增加餐饮部的营业收入和利润水平。

3. 增加附加服务

餐饮部可以增加附加服务，如提供高品质的酒水、提供送餐服务、提供生日蛋糕等。这些附加服务可以增加销售额和客人的满意度，提高餐

饮部的利润水平。

4. 改进经营管理

餐饮部需要不断改进经营管理,提高效率和服务质量。通过优化流程、降低成本、提高员工工作效率等措施,增加餐饮部的营业收入和利润。

(三)向顾客提供满足需要的、恰到好处的服务

为了向顾客提供满足需要的、恰到好处的服务,餐饮部需要做到以下几点。

1. 了解顾客需求

餐饮部需要了解顾客的需求和期望,包括客人的口味、饮食限制、食物过敏等情况。通过了解顾客需求,以便为客人提供适合的菜品和服务,满足客人的需求。

2. 提供优质服务

餐饮部需要提供优质的服务,包括友好的服务态度、专业的建议和解答客人的问题等。在服务过程中,注重细节,如给客人提供舒适的座位、柔软的餐巾、精致的餐具等,可以提高客人的满意度。

3. 掌握服务技巧

餐饮部需要掌握一定的服务技巧,包括沟通技巧、销售技巧、解决问题技巧等。通过掌握服务技巧,可以更好地与客人沟通,提供舒适、周到的服务体验。

4. 灵活应对需求变化

餐饮部需要灵活应对需求变化,如客人突然改变用餐时间、客人对座位的要求等。通过灵活应对需求变化,可以满足客人需求,提高客人满意度。

5. 关注顾客反馈

餐饮部需要关注顾客的反馈,包括满意度调查、投诉处理等。通过

了解顾客的反馈,可以不断改进服务质量,提供更加满足顾客需求的服务体验。

（四）为酒店树立良好的社会形象

为酒店树立良好的社会形象是餐饮部的重要职责之一。餐饮部作为酒店或餐馆的重要组成部分,其形象直接关系到整个酒店的形象和声誉。想要为酒店树立良好的社会形象,餐饮部需要做到以下几点。

1. 提供高品质的餐饮服务

餐饮部需要提供高品质的餐饮服务,包括新鲜的食材、干净的餐具、优秀的服务态度等。通过提供高品质的餐饮服务,可以赢得客人的信任和好评,提高酒店的声誉和形象。

2. 关注食品安全和卫生

餐饮部需要关注食品安全和卫生,确保提供的食品和饮料符合卫生标准,保障客人的健康和安全。

3. 积极参与社会公益活动

餐饮部可以积极参与社会公益活动,如慈善捐款、志愿者活动等。通过积极参与社会公益活动,展示酒店的社会责任和公益精神,提高酒店的声誉和形象。

4. 加强与客人的沟通

餐饮部需要加强与客人的沟通,了解客人的需求和反馈,及时解决问题和改进服务。

5. 注重形象宣传

餐饮部需要注重形象宣传,如制作宣传资料、开展宣传活动、利用社交媒体等,向社会展示酒店的特色和优势,提高酒店的知名度和声誉。

三、餐饮管理的职能

餐饮管理的职能主要包括以下几方面（图 4-10）。

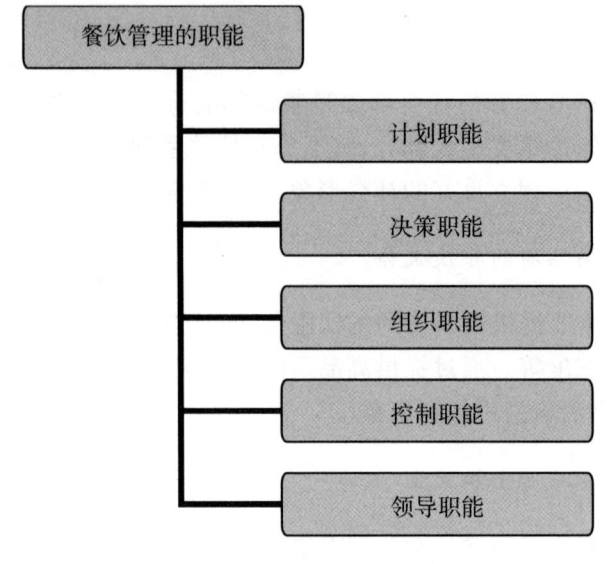

```
餐饮管理的职能
├── 计划职能
├── 决策职能
├── 组织职能
├── 控制职能
└── 领导职能
```

图 4-10　餐饮管理的职能

（一）计划职能

餐饮管理具有计划职能，是指根据市场需求、酒店状况、顾客需求等因素，制定餐饮经营策略和具体实施计划。计划职能是餐饮管理的基本职能之一，具有以下特点。

1. 预见性

计划是根据现状和对未来的预测制定的，要求具有预见性。餐饮管理者需要了解市场趋势、掌握最新信息，对未来做出正确的判断和预测，以制定科学的计划。

2. 目的性

计划是为了实现一定的目标，具有目的性。餐饮管理的计划目的是获得盈利和发展，需要围绕这一目标来制定具体的计划。

3. 周密性

计划需要考虑各种因素,具有周密性。餐饮管理者需要综合考虑市场需求、酒店状况、员工能力、竞争情况等因素,制定出切实可行的计划。

4. 准确性

计划需要保证数据的准确性。餐饮管理者需要掌握准确的数据,如客流量、菜品销售量、成本等,以便制定出科学的计划。

5. 灵活性

计划需要具有一定的灵活性。市场和环境因素是不断变化的,餐饮管理者需要根据实际情况及时调整和修改计划,以适应市场变化。

(二)决策职能

决策职能是餐饮管理的基本职能之一,具有以下特点。

1. 针对性

决策需要针对具体问题,具有针对性。餐饮管理者需要针对市场需求、酒店状况、顾客需求等因素,制定出具体的决策,以解决问题。

2. 全面性

决策需要考虑各种因素,具有全面性。餐饮管理者需要综合考虑市场需求、酒店状况、员工能力、竞争情况等因素,制定出全面的决策。

3. 及时性

决策需要及时响应市场和环境变化,具有及时性。餐饮管理者需要密切关注市场和环境变化,及时作出相应的决策。

4. 合理性

决策需要保证合理性和可行性。餐饮管理者需要确保决策能够解决问题,实现经营目标。

(三）组织职能

餐饮管理的组织职能是餐饮管理者根据经营目标和计划,设置合适的组织机构和职责,以便实现经营目标的重要职能,具有以下特点。

1. 有效性

组织机构需要有效运作,具有有效性。餐饮管理者需要确保组织机构的有效性,使各部门和岗位的工作高效、有序,能够实现经营目标。

2. 规范性

组织机构需要规范管理,具有规范性。餐饮管理者需要制定规范的制度和流程,使组织机构的管理规范化,能够保证工作质量和效率。

3. 激励性

组织机构需要激励员工,具有激励性。餐饮管理者需要制定激励措施,如奖励制度、晋升机制等,激励员工工作积极性和创造力,提高工作质量和效率。

4. 灵活性

组织机构需要灵活应对市场变化,具有灵活性。市场环境是不断变化的,餐饮管理者需要根据市场变化及时调整组织机构和管理方式,以适应市场变化。

（四）控制职能

餐饮管理的控制职能是指餐饮管理者通过制定标准和检查执行情况,对餐饮经营过程进行控制和管理,以确保经营目标的实现。控制职能是餐饮管理的基本职能之一,具有以下特点。

1. 制定标准

控制职能需要制定标准,包括菜品标准、服务标准、卫生标准等,以便对经营过程进行控制和管理。

2. 检查执行情况

控制职能需要检查执行情况,包括菜品质量、服务水平、卫生状况等,以便及时发现和解决问题。

3. 及时调整

控制职能需要及时调整,根据检查结果对经营过程进行调整,以实现经营目标。

4. 保持稳定性

控制职能需要保持稳定性,确保经营过程的稳定性和一致性,以提高经营效益和管理水平。

5. 量化管理

控制职能需要量化管理,通过数据和指标对经营过程进行管理和评估,以提高管理精度和效果。

(五)领导职能

餐饮部管理人员要充分发挥领导职能,统领大局,这是确保餐饮业务顺利运营和实现经营目标的关键。在激励员工方面,餐饮部管理人员可以通过以下方式实现。

1. 给予认可和奖励

对员工的优秀表现进行认可和奖励,可以激发员工的自信心和工作动力。例如,对于表现优秀的员工,可以给予口头表扬、晋升机会、增加薪酬等奖励。

2. 提供培训和发展机会

为员工提供培训和发展机会,可以让员工感到被重视和关注,激发员工的工作热情。例如,可以定期组织员工参加技能培训、管理培训等,以提高员工的专业素质和能力。

3.营造良好的工作氛围

营造良好的工作氛围,可以让员工感到愉悦和舒适,提高工作效率和满意度。例如,可以营造和谐的工作氛围、提供良好的工作环境和设施等,以增加员工的归属感和满意度。

四、餐饮管理的内容

餐饮管理是酒店业务管理的重要组成部分,它涉及餐饮服务、餐饮质量、餐饮销售、餐饮成本等多个方面。以下是酒店餐饮管理的主要内容(图4-11)。

(一)餐饮服务管理

餐饮服务管理包括餐厅布局、餐位安排、餐具清洁、服务流程等服务内容的管理。这需要制定合理的服务流程,确保员工能够按照标准提供优质的服务,同时要定期检查和清洁餐具、餐桌等设备,确保顾客用餐环境的卫生和舒适。

(二)餐饮质量管理

餐饮质量管理包括食品质量、服务质量、环境质量等方面的管理。这需要确保食品原材料的质量和卫生,制定合理的食品制作标准和程序,确保食品的质量和口感。同时,要提供优质的服务,包括礼貌、热情、周到等服务,提高顾客的满意度。另外,餐厅的环境也要保持清洁、美观和舒适,以提高顾客的体验感受。

(三)餐饮销售管理

餐饮销售管理包括餐厅营销策略、销售计划、销售流程、销售数据分析等方面的管理。这需要制定合理的营销策略,包括广告宣传、促销活动等,以提高餐厅的知名度和吸引更多的顾客。同时,要制定销售计划和流程,确保销售业务的顺利进行,并通过销售数据分析来评估销售效果,不断改进和优化销售策略。

```
餐饮管理的内容
├── 餐饮服务管理
├── 餐饮质量管理
├── 餐饮销售管理
├── 餐饮成本管理
├── 餐饮人力资源管理
└── 餐饮安全管理
```

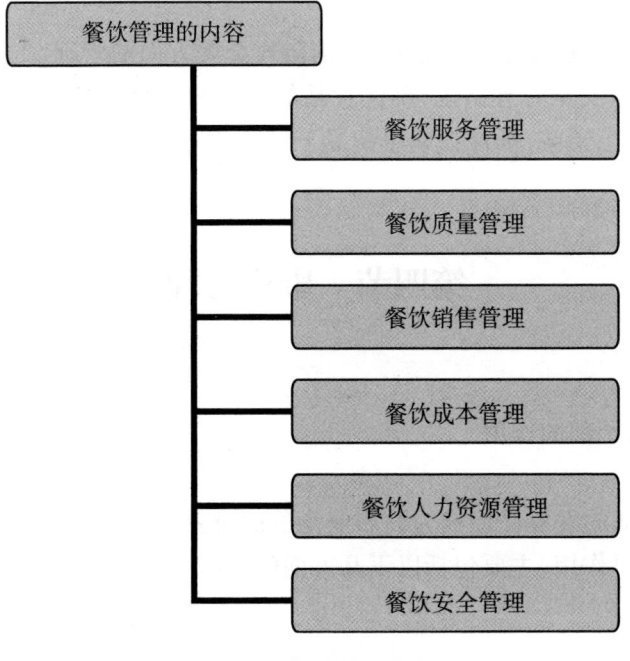

图 4-11　餐饮管理的内容

（四）餐饮成本管理

餐饮成本管理包括食材采购、库存管理、成本核算、成本控制等方面的管理。这需要制定合理的食材采购计划,确保食材的供应和质量,同时要建立库存管理制度,避免食材过期或浪费。另外,要准确核算餐饮成本,制定合理的菜品价格策略,以确保餐厅的盈利水平。

（五）餐饮人力资源管理

餐饮人力资源管理包括员工招聘、培训、考核、激励等方面的管理。这需要制定合理的招聘计划,选拔合适的员工加入餐厅团队,同时要提供专业的培训和发展机会,提高员工的专业素质和能力。此外,要建立有效的考核和激励机制,鼓励员工积极工作,提高工作效率和服务质量。

（六）餐饮安全管理

餐饮安全管理包括食品安全、消防安全等方面的管理。这需要建立完善的食品安全管理制度，确保食品的卫生和安全，同时要注重消防安全，制定应急预案，确保在紧急情况下能够及时应对。

第四节 康乐管理

一、康乐部的作用

康乐部的发展已经成为酒店业竞争的重要因素之一，康乐部在酒店中具有重要作用，主要包括以下几方面（图4-12）。

（一）提升客人满意度和忠诚度

康乐部提供的娱乐和休闲设施可以满足客人的多种需求，让客人感到更加舒适和愉悦，从而提升客人对酒店的满意度和忠诚度。例如，提供健身房、游泳池、SPA等设施可以让客人放松身心，提供游乐场、电玩室等设施可以满足客人的娱乐需求。

（二）塑造品牌形象

康乐部提供的娱乐和休闲设施可以成为酒店品牌形象的重要组成部分，通过康乐部的设施和活动，可以让客人对酒店产生良好的印象，从而增进客人与酒店之间的互动和信任。

（三）吸引新客户

康乐部提供的娱乐和休闲设施可以吸引更多的新客户，尤其是那些追求多元化、个性化的旅游者。通过康乐部的宣传和推广，可以吸引更多的潜在客户投宿酒店,从而为酒店带来更多的收益。

```
康乐部的作用 ──┬── 提升客人满意度和忠诚度
              ├── 塑造品牌形象
              ├── 吸引新客户
              └── 成为酒店创收的主要部门
```

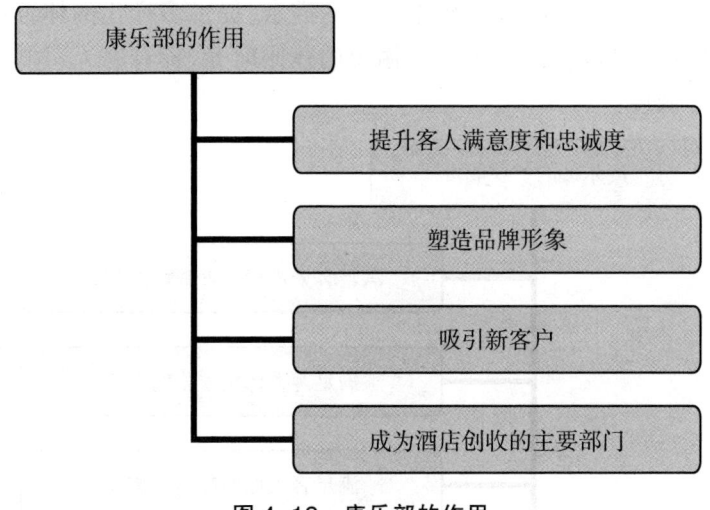

图 4-12　康乐部的作用

（四）成为酒店创收的主要部门

随着酒店业的发展,康乐部的规模越来越大,其设施和活动也越来越完善,甚至成为酒店创收的主要部门。例如,一些高端酒店中的康乐设施非常完善,包括健身房、游泳池、SPA、游乐场等,这些设施可以吸引大量的客人,从而为酒店带来更多的收益。

二、康乐部的主要职责

康乐部的主要职责包括以下几方面(图 4-13)。

（一）满足客人进行体育锻炼的需要

对酒店康乐部来说,为了满足客人的体育锻炼需求,应该开辟专门的健身房和游泳池等设施设备齐全的场所。在健身房中,可以提供各种健身器材和设备,如哑铃、跑步机、椭圆机、力量训练器材等,让客人可以根据自己的需求选择不同的器材进行锻炼。在游泳池中,可以提供清澈的水质、舒适的温度和必要的游泳设施,让客人在游泳中放松身心、增强身体素质。

总之,酒店康乐部应该根据客人的需求,提供多样化的体育设施和器材,让客人可以在酒店中享受愉悦的休闲时光,提升客人对酒店的满意度和忠诚度。

```
康乐部的主要职责
├── 满足客人进行体育锻炼的需要
├── 满足客人休闲娱乐的需要
├── 满足客人保健养生的需要
├── 满足客人运动卫生的需要
└── 满足客人运动安全的需要
```

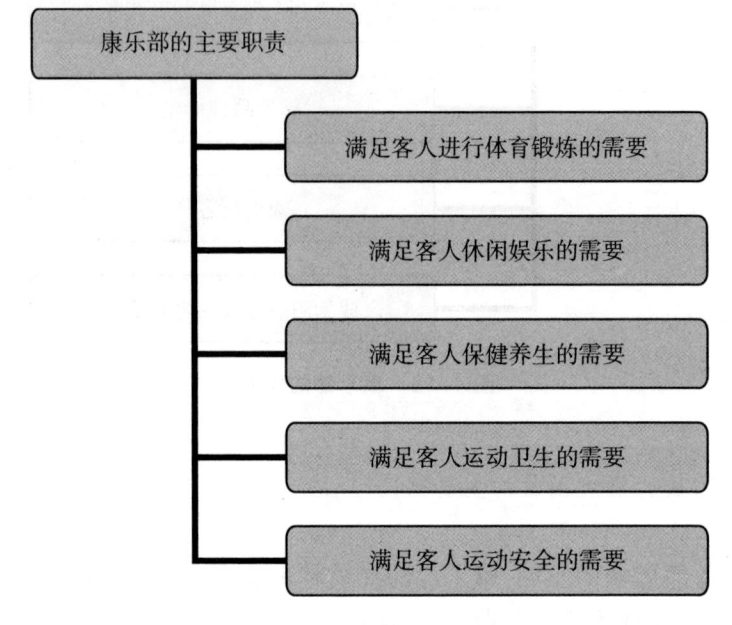

图 4-13　康乐部的主要职责

(二)满足客人休闲娱乐的需要

在娱乐项目方面,酒店可以提供扑克、麻将、电玩游戏、卡拉 OK、舞厅、酒吧等娱乐设施和活动。酒店康乐部在设置娱乐项目时,一定要符合我国国情与法律规定。例如,在提供电玩游戏时,要确保游戏设备符合国家相关法规,避免出现违规情况。在提供卡拉 OK 服务时,要注意噪声控制,避免影响其他客人的休息和娱乐。

总之,酒店康乐部在提供娱乐项目时,要充分考虑客人的需求和国家的法规要求,以确保提供的娱乐项目既安全合法,又能满足客人的娱乐需求。

（三）满足客人保健养生的需要

物理保健的方法可以满足客人休闲娱乐的需要，同时也可以帮助客人保持健康和美丽。康乐部门应该提供多样化的物理保健项目，以满足不同客人的需求。这些物理保健的方法包括桑拿浴、按摩、美容项目和美发项目等。

桑拿浴是一种通过蒸汽和干热处理来促进血液循环和放松肌肉的方法。不同的桑拿浴种类，如芬兰浴、土耳其浴、光波浴等，可以有不同的保健效果。

按摩是一种通过手法和力度来促进血液循环、放松肌肉和缓解压力的方法。不同的按摩种类，如中医按摩、泰式按摩、港式按摩、韩式按摩、日式按摩、足部按摩等，可以有不同的效果和特点。

美容项目和美发项目也可以帮助客人保持健康和美丽。例如，美容项目可以提供皮肤护理、化妆等服务，帮助客人保持皮肤健康和美丽；美发项目可以提供洗发、染发、烫发等服务，帮助客人保持头发健康和美丽。

（四）满足客人运动卫生的需要

以下是一些保持康乐场所洁净高雅的方法。

1. 定期清洁

定期对康乐场所的器械、设施和场地进行清洁，保持其洁净和高雅。

2. 消毒措施

对康乐场所的器械和设施，采取消毒措施，消灭病菌和细菌，预防疾病的传播。

3. 人员培训

对康乐场所的工作人员进行培训，提高他们的卫生意识和清洁技能，确保场所的洁净、高雅。

4.顾客教育

对顾客进行教育,提醒他们注意卫生,遵守场所的规定,不随意乱扔垃圾,不破坏设施设备等。

5.设施维护

定期对康乐场所的设施进行维护和保养,确保其正常运转并延长使用寿命。

(五)满足客人运动安全的需要

为了确保顾客的使用安全,每天在使用健身运动器械之前必须进行一次检查,并对设施、运动器械、场地进行安全保养。对于存在"不安全"隐患的器械,应该及时更换,以避免发生意外事故。此外,工作人员也应该接受安全培训,掌握应急处理技能,以便在发生紧急情况时能够及时处理并保障顾客的安全。

三、康乐部主要项目的日常管理

(一)健身房的日常管理

健身房服务人员需要在宾客抵达前做好营业前的清洁工作,准备好营业用品,以便为宾客提供良好的服务。当宾客到达时,服务人员应该先引导宾客办理消费手续,然后指引宾客到达健身项目所在位置,并提供必要的服务。在客人离开时,服务人员需要检查设备是否完好,提醒宾客交还本部物品,并做好清洁工作,以便为下一批宾客提供良好的服务。此外,服务人员还需要保持良好的专业素养和礼貌待客态度,为宾客提供优质的健身服务。

(二)游泳池的日常管理

游泳池服务人员的工作流程如下。

1. 提前到岗

游泳池服务人员需要按照规定的时间提前到岗,并换好工作服,以确保工作状态的开始。

2. 查看交接班记录

在上班后,需要查看交接班记录,了解上一个班次的工作情况和问题,以便及时跟进和处理。

3. 落实工作任务

根据交接班记录,游泳池服务人员需要落实上一个班次交办的工作任务,包括更衣柜的整理、游泳池的清洁、宾客的接待等。

4. 主动迎接宾客

在宾客到达游泳池时,服务人员需要主动迎接宾客,并提供热情周到的服务,让宾客感受到尊重和关注。

5. 检查更衣柜

在宾客离开时,服务人员需要检查更衣柜的使用情况,确保更衣柜物品的齐全和完好。

6. 登记宾客离开时间

在宾客离开时,服务人员需要在登记表上注明顾客离开时间,以便后续工作的安排和跟进。

7. 营业结束工作

在营业结束后,服务人员需要收齐更衣柜物品,检查游泳池的使用情况,确保游泳池的安全和卫生。

8. 做好交接班记录

在结束工作后,服务人员需要做好交接班记录,将工作情况和问题记录下来,以便下一个班次的服务人员能够顺利开展工作。

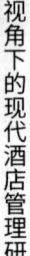

(三)台球厅的日常管理

台球厅服务员需要在宾客抵达前做好卫生清洁工作,以确保台球厅的干净整洁。在宾客抵达时,服务员应该开记录单,收取押金,将宾客引领到自己负责区域内的球台旁,将台球摆好,并询问宾客是否还需要其他服务。在宾客离开时,服务员需要检查宾客使用的台球设备是否完好,并欢迎客人再次光临。此外,服务员还需要保持专业的素养和礼貌待客的态度,为宾客提供优质的服务。

(四)卡拉OK厅的日常管理

卡拉OK厅服务人员需要在宾客抵达前做好卫生清洁工作,以确保卡拉OK厅的干净整洁。在宾客到达时,服务人员应该主动迎宾,并按照人数安排合适的位置,做好服务工作。当大厅宾客点歌时,歌单要及时送到音控室,由音控室按先后顺序播放。当包间宾客入座时,服务人员应该主动调好音量。在宾客结账时,服务人员应该表示感谢,并欢迎再次光临,并将房间整理干净。此外,服务人员还需要保持专业的素养和礼貌待客的态度,为宾客提供优质的服务。

第五章

酒店服务质量管理

　　服务视角下的酒店服务质量管理是指以客人的需求和期望为出发点,通过制定和实施一系列服务质量管理制度和措施,确保酒店提供优质、高效、周到的服务,使客人感受到宾至如归的温馨和关怀。酒店服务质量管理,是酒店业务管理中的重要一环。它不仅关系到酒店的声誉和形象,更是直接影响客人对酒店的评价和体验。在竞争日益激烈的酒店市场中,提高服务质量和管理水平是酒店业者的首要任务。本章将对酒店服务质量管理的相关内容进行简要阐述,以便帮助读者更好地了解酒店服务质量管理的重要性。

第一节 酒店服务质量概述

一、酒店服务质量的概念

酒店服务质量是指酒店所提供的各项服务适合和满足宾客需要的自然属性,通常表现为满足客人的物质需求和精神需求两个方面。

二、酒店服务质量的特点

酒店服务质量具有显著的特点,概括来说主要包括以下几方面(图5-1)。

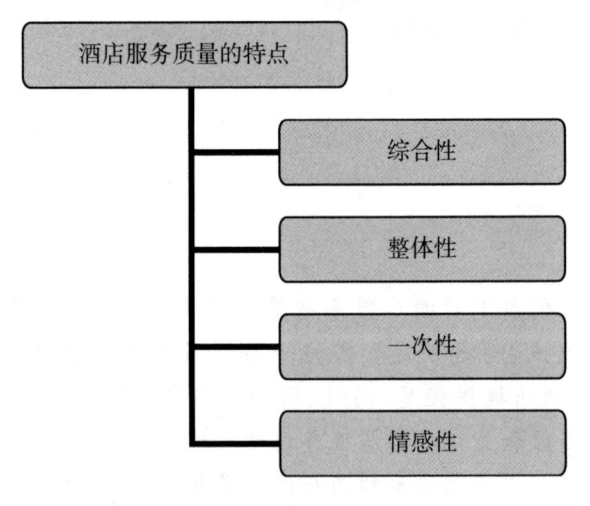

```
酒店服务质量的特点
├── 综合性
├── 整体性
├── 一次性
└── 情感性
```

图 5-1 酒店服务质量的特点

(一)综合性

酒店服务质量的确由多个因素组成,包括有形和无形的因素。这些因素彼此关联、相互依存,共同构成了一个综合性的整体。

其中,有形因素包括设施设备质量、服务环境质量和实物产品质量。设施设备质量指酒店提供的设施和设备是否完好、是否方便舒适、是否符合客人的需求。服务环境质量指酒店提供的服务环境是否整洁、舒适、安全,是否有利于客人的休息和放松。实物产品质量指酒店提供的食物、饮料、用品等实物产品是否质量良好、是否卫生安全、是否符合客人的口味和需求。

无形因素则包括服务态度、服务效率、服务细节等多个方面。服务态度指服务员是否友好、热情、耐心,是否能够让客人感到舒适和满意。服务效率指服务员是否能够快速、准确地提供服务,满足客人的需求。服务细节指服务员是否关注客人的需求和反馈,是否能够提供个性化的服务,让客人感觉受到关注和尊重。

酒店需要综合考虑这些因素,并进行有效的管理和控制,以提高服务质量,满足客人的需求和期望。

(二)整体性

酒店的每一次服务活动都不是独立存在的,特别是对大规模的酒店来说,服务活动之间的联系更加广泛和复杂。因此,酒店服务质量管理必须重视各个服务环节之间和各个服务链内部的衔接和协调,以确保整个服务过程的顺畅和高效。

为了实现这一目标,酒店管理者需要树立酒店整体形象,严格遵守服务程序和操作规程,并做好充分的服务准备。这包括对员工进行全面的培训和指导,提高他们的服务技能和服务意识,确保他们能够提供优质的服务。同时,酒店管理者还需要建立有效的服务质量监管机制,通过对员工的服务表现进行评估和反馈,及时发现和解决问题,确保每一次服务过程都能够达到较高的质量水平。

此外,酒店管理者还应该注重服务过程的持续改进和创新,不断优化服务流程和服务标准,提高服务效率和服务质量,以满足宾客不断变化的需求和期望。只有通过不断的努力和改进,才能实现酒店服务质量的持续提高,赢得宾客的信任和好评。

（三）一次性

酒店服务质量的体现是通过每一次具体的服务过程来实现的，因此，酒店管理者应该加强对员工的服务督导，确保每一次服务都能让宾客感到非常满意，从而提高酒店整体服务质量。

为了实现这一目标，酒店管理者需要加强对员工的培训和指导，提高员工的服务技能和服务意识，确保员工能够提供优质的服务。同时，酒店管理者还需要建立有效的服务质量监管机制，通过对员工的服务表现进行评估和反馈，及时发现和解决问题，确保每一次服务过程都能够达到较高的质量水平。

此外，酒店管理者还应该注重服务过程的持续改进和创新，不断优化服务流程和服务标准，提高服务效率和服务质量，以满足宾客不断变化的需求和期望。只有通过不断的努力和改进，才能实现酒店服务质量的持续提高，赢得宾客的信任和好评。

（四）情感性

酒店服务质量不仅涉及物质设施和提供服务的能力，更重要的是与宾客之间的情感关系。这种情感关系的好坏直接影响到宾客对酒店服务质量的评价和感受。如果酒店与宾客之间的关系融洽，宾客就更容易理解酒店的困难和不足，并且给予适当的谅解。然而，如果关系不和谐，就很容易导致宾客对酒店的不足和问题过度反应，或者借此发挥，对酒店进行投诉或负面评价。

因此，酒店服务质量的情感性特点是非常重要的，它不仅影响着宾客的满意度，还决定着宾客是否愿意再次光顾酒店。酒店应该注重与宾客之间的情感交流，建立良好的关系，提供优质的服务，从而获得宾客的认可和信任。

三、酒店服务质量的作用

酒店服务质量是酒店经营的核心要素之一，其作用非常重大，主要体现在以下几个方面（图5-2）。

```
酒店服务质量的作用
├── 影响顾客满意度
├── 增强酒店竞争力
├── 塑造酒店形象
├── 提高员工素质
└── 促进酒店经济发展
```

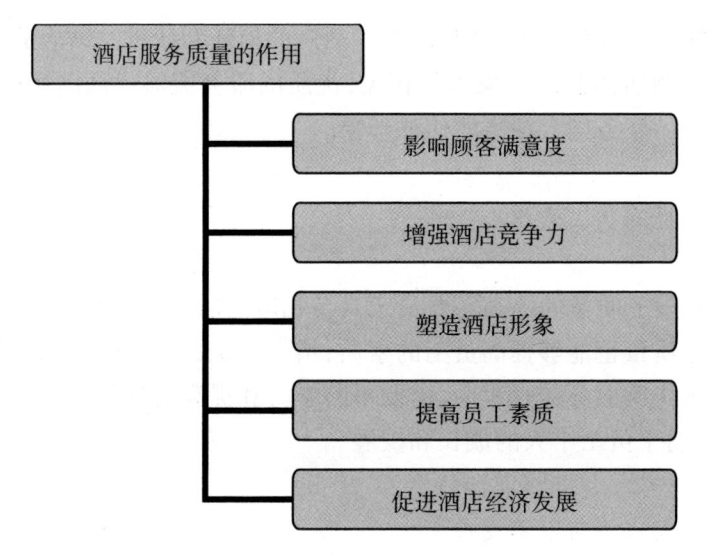

图 5-2　酒店服务质量的作用

（一）影响顾客满意度

酒店服务质量的优劣直接影响到顾客的满意度。优质的服务能够满足顾客的需求和期望，让顾客感受到酒店的关注和关怀，从而产生满意的感觉。而低质量的服务则会让顾客感到失望和不满，降低顾客对酒店的满意度。顾客满意度是酒店经营成功的关键因素之一，因为满意的顾客会成为酒店的忠实顾客，再次光顾酒店，并推荐酒店给其他人。

（二）增强酒店竞争力

在竞争激烈的酒店行业中，服务质量是酒店之间竞争的重要因素之一。优质的酒店服务质量能够增强酒店的竞争力，吸引更多的顾客，提高市场份额。在市场上，酒店的服务质量通常与其他酒店进行比较，如果酒店能够提供更好的服务质量，就能够脱颖而出，吸引更多的顾客。

（三）塑造酒店形象

酒店服务质量的好坏直接影响到酒店形象的塑造。优质的酒店服务能够树立良好的形象,增强顾客对酒店的信任和认可。酒店的服务质量通常与酒店的品牌形象密切相关,优质的服务能够提高酒店的形象,而低质量的服务则会损害酒店的形象。

(四)提高员工素质

酒店服务质量的提高需要员工具备相应的服务技能和素质。因此,提高服务质量也能够提高员工的素质,增强员工的自信心和归属感。员工在提供优质服务的过程中,需要不断学习和提高自己的服务技能和素质,这有助于员工个人的成长和发展。

(五)促进酒店经济发展

优质的酒店服务能够为酒店带来更多的顾客和收入,促进酒店经济的发展。酒店的经济效益直接与服务质量相关,优质的服务能够提高顾客的满意度,增加顾客再次光顾的概率,从而增加酒店的收入。

综上所述,酒店服务质量对酒店的经营和发展具有至关重要的作用。酒店应该注重提高服务质量,不断满足顾客的需求和期望,以增强自身的竞争力和吸引力,实现长期的经济发展。

第二节 酒店服务质量管理的内容

一、服务设施设备质量

酒店设施设备包括客用设施设备和供应设施设备。客用设施设备包括客房内的电视机、空调、吹风机、保险柜等,以及康乐中心的健身器材、高尔夫球场等。这些设施设备应该能够满足宾客的基本需求,并提供舒适、安全、愉悦的体验。

对供应设施设备,要求安全运行,保证供应。这些设施设备包括锅炉、制冷供暖设备、厨房、洗衣房等,它们是酒店经营管理的必要条件,不直接与宾客见面。供应设施设备应该按照相关的标准和规定进行维护和保养,确保其正常运行,保证酒店的正常经营和服务质量。

总之,酒店设施设备是酒店服务的重要组成部分,应该始终保持良好的状态,并制定严格的维修保养制度,确保酒店的接待服务正常运转。同时,酒店应该根据自身的星级标准,相对应地提升设施设备的水平,为宾客提供更优质的服务体验。

二、实物产品质量

(一)饮食产品质量

饮食产品质量指酒店提供的餐饮产品,包括菜品、饮品、点心等。饮食产品应该具有丰富的花色品种,口感和外观颜色也应该符合客人的期望,同时与价格相符合。

(二)实物商品质量

实物商品质量指酒店销售的商品,如纪念品、礼品、化妆品、服装等。实物商品应该具有内在质量,并且与价格相符合,同时也要考虑到客人的需求和期望。

(三)服务用品质量

服务用品质量指酒店提供的各种服务用品,如客房用品、康乐设施、会议设备等。服务用品应该符合客人的需求和期望,并且具有安全性、舒适性和实用性。

总之,实物产品质量是酒店服务的重要组成部分,它直接影响到客人的消费体验和满意度。酒店应该注重提高实物产品的质量,满足客人的需求和期望,从而提高顾客对酒店的评价和忠诚度。

三、劳务服务质量

劳务服务质量是酒店服务质量的关键,其内容主要包括以下几个方面(图 5-3)。

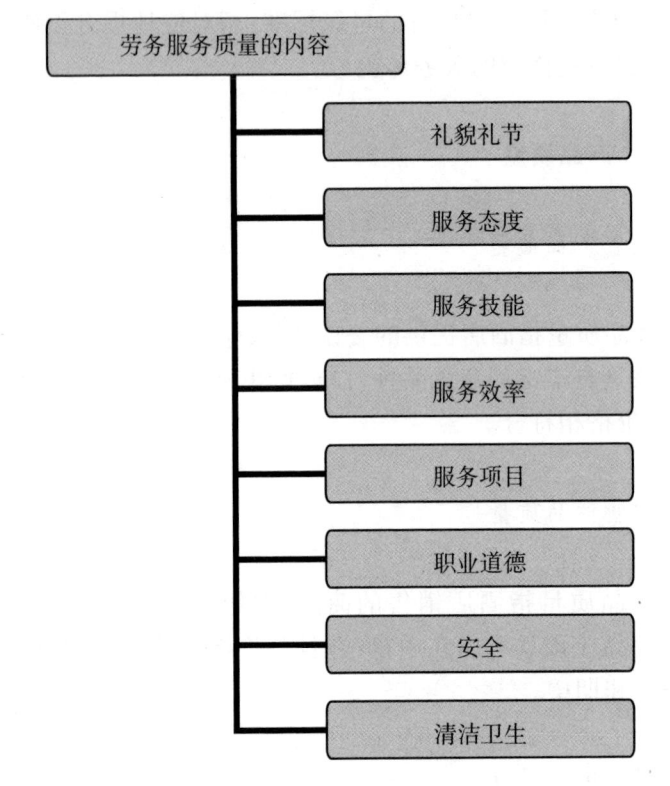

```
劳务服务质量的内容
├── 礼貌礼节
├── 服务态度
├── 服务技能
├── 服务效率
├── 服务项目
├── 职业道德
├── 安全
└── 清洁卫生
```

图 5-3 劳务服务质量的内容

(一)礼貌礼节

礼貌礼节指员工在语言、行为和举止方面的礼仪和礼貌。为了提高员工的礼貌礼节水平,酒店应该进行礼节礼貌的培训,让员工了解各个国家、各个地区的习惯特点和本国的民族传统和习惯,从而更好地为客人提供服务。同时,酒店也应该鼓励员工在工作中保持礼貌礼节,为客人提供更好的服务体验。

（二）服务态度

服务态度指员工对待客人的态度和行为,包括真诚、热情、主动、耐心、周到等方面。

酒店员工的服务态度应该是主动的、创造性的、积极的和有责任感的。员工应该时刻关注客人的需求和期望,主动提供服务,并且能够创造性地解决客人遇到的问题。同时,员工应该积极响应客人的要求,及时处理客人的投诉和意见,确保客人的满意度和舒适度。

为了提高员工的服务态度,酒店应该注重员工的素质培养。员工应该具备专业的服务技能和知识,能够提供高质量的服务。同时,酒店应该建立正确的服务理念和职业素养,强调员工的责任感和主动性,鼓励员工为客人提供更好的服务体验。

（三）服务技能

服务技能指员工在服务过程中所具备的专业技能和知识,包括沟通技巧、解决问题能力、服务技能水平等方面。员工应该具备专业的服务技能和知识,能够提供高质量的服务,并且能够用恰当的语言和肢体动作表达对客人的关注和热情。

在服务技巧方面,员工应该对客人的心理有清晰的了解,能够根据客人的需求和偏好提供个性化的服务。员工应该能够灵活运用服务技能和服务技巧,使服务更加富有感染力,提高客人的满意度和忠诚度。

（四）服务效率

服务效率指员工在完成服务任务时所表现出的效率和能力,包括时间观念、工作节奏、任务完成质量等方面。

为了提高服务效率,酒店应该注重员工的培训和管理。员工应该具备专业的服务技能和知识,能够快速有效地解决客人的问题。同时,酒店应该建立正确的服务理念和职业素养,强调员工的责任感和主动性,鼓励员工为客人提供更高效的服务。

此外,酒店也应该注重设施和技术的更新和改进。例如,可以引入先进的预订系统、排队系统、信息化服务等,以提高服务效率。

（五）服务项目

服务项目指酒店提供的各种服务项目，包括客房服务、餐饮服务、康乐服务、会议服务、洗衣服务等多个方面。酒店应该根据客人的需求和市场的竞争情况，合理设置服务项目，并不断更新和改进服务设施和技术，以提高服务质量和竞争力。

同时，酒店也应该注重员工的服务技能和素质培养，提高员工的服务水平和素质，确保员工能够提供高质量的服务。

（六）职业道德

职业道德指员工在服务过程中所遵守的职业道德和行为规范，包括诚信、守密、尽职等方面。酒店人员作为服务行业的从业者，必须遵守一些职业道德规范，主要包括以下几方面。

1. 诚实守信

酒店人员应该诚实守信，遵守诚信原则，不做欺骗客人的事情，不利用职务之便谋取私利。

2. 尊重客人

酒店人员应该尊重客人，对客人进行礼貌、周到的服务，不歧视、侮辱、谩骂客人，不对客人的隐私进行侵犯。

3. 尽职尽责

酒店人员应该尽职尽责，认真履行职责，不疏忽、不敷衍、不马虎工作，不逃避工作责任。

4. 团结协作

酒店人员应该团结协作，互相帮助，不恶意竞争，不挑拨离间，不互相排挤。

5. 勇于创新

酒店人员应该勇于创新，不断学习、探索、改进服务方式和方法，不断提高服务质量和水平。

6. 遵守纪律

酒店人员应该遵守纪律,遵守酒店的规定和制度,不违反工作纪律,不违反法律法规。

(七)安全

安全是酒店服务中非常重要的一个方面,对客人、员工和酒店本身都至关重要。在酒店中,安全因素涉及各个方面,包括防火、防盗和防事故等。以下是对酒店各个部门所涉及的安全因素的讨论。

1. 防火

酒店需要制定严格的防火措施,确保客人和员工的安全。这包括安装消防设施,如烟雾探测器、灭火器和消防栓等,以及培训员工如何使用这些设施。此外,酒店还需要确保客人和员工了解如何在火灾中逃生,并定期进行消防演习。

2. 防盗

酒店需要采取措施防止客人和员工的财产受到盗窃。这包括安装安全设施,如门锁、监控摄像头等,并培训员工如何识别和应对盗窃行为。此外,酒店还需要确保客人的贵重物品的安全,如提供保险箱供客人使用。

3. 防事故

酒店需要采取措施防止客人和员工发生意外事故。这包括提供安全设施,如防滑地面、安全警示标志等,并培训员工如何应对紧急情况。此外,酒店还需要确保客人和员工了解如何避免意外事故,如提醒客人注意楼梯和电梯等安全注意事项。

(八)清洁卫生

清洁卫生工作是酒店服务的重要内容,它直接影响到客人的身心健康和心理感受,也反映了酒店的管理水平和企业素质。以下是对酒店清洁卫生工作的详细讨论。

1. 房间清洁卫生

房间是酒店客人最常用的地方之一,因此房间的清洁卫生非常重要。房间应该保持干净、整洁、无异味,床单、被套、枕套等物品应该定期更换,家具、地面、卫生间等应该每天清洁。此外,酒店应该采用正确的清洁方法和用品,确保房间的清洁卫生达到标准。

2. 餐饮清洁卫生

餐饮是酒店服务的重要部分,餐饮的清洁卫生也非常重要。厨房应该保持干净、整洁、无异味,厨具、餐具应该定期消毒,食品应该遵守卫生标准,保证客人的食品安全。

3. 用品清洁卫生

酒店提供的用品应该保持干净、整洁、无异味,并定期更换和清洗。例如,毛巾、浴巾、床单、被套、枕套等应该定期更换和清洗,以保证客人的健康和安全。

4. 个人卫生

酒店员工的个人卫生也非常重要,这包括定期洗澡、换衣服、保持指甲干净等。员工应该遵守卫生标准,保持良好的个人卫生,以提供高质量的服务。

总之,劳务服务质量是酒店服务的重要组成部分,它是酒店形象和品牌信誉的体现。酒店应该注重提高劳务服务质量,通过培训和激励员工,提高服务技能和态度,为客人提供优质的服务体验,从而增强顾客对酒店的忠诚度和满意度。

四、服务环境质量

良好的服务环境能够提高客人的满意度和忠诚度,增加客人的回头率,从而对酒店的经营和发展起到关键性的作用。

酒店的服务环境质量包括服务设施、服务场所的装饰布置、环境布局、空间构图、灯光气氛、色调情趣、清洁卫生、空间形象等因素,这些因素都能够影响客人的感受和心理体验。如果酒店的服务环境质量不好,客人的满意度和忠诚度就会下降,从而导致客人的流失和酒店的经营困难。

因此,酒店应该注重服务环境质量的提高,不断优化服务设施和服务场所的装饰布置,提高环境卫生和安全,营造良好的服务氛围,从而满足客人的需求和期望,提高客人的满意度和忠诚度,促进酒店的经营和发展。

五、宾客满意程度

客人满意程度是酒店服务质量的最终目标,是酒店经营成功的关键。如果客人对酒店的服务质量感到不满意,那么客人就不会选择再次光顾该酒店,也不会向其他人推荐该酒店。因此,酒店应该注重服务质量的管理和提高,不断优化服务设施和服务环境,提高服务效率和服务质量,以满足客人的需求和期望,提高客人的满意度和忠诚度,从而促进酒店的经营和发展。

第三节　酒店服务质量管理的方法

酒店服务质量管理的方法有很多,概括来说主要包括以下几种(图5-4)。

一、全面服务质量管理法

全面质量管理(Total Quality Management,TQM)是一种管理模式,它强调组织以质量为中心,以全员参与为基础,旨在通过让顾客满意和本组织所有成员及社会受益而达到长期成功的管理途径。

```
酒店服务质量管理的方法
├── 全面服务质量管理法
├── 服务质量分析法
├── ZD质量管理法
├── QC小组法
├── 交互服务质量管理法
├── "末日管理"法
└── 优质服务竞赛和质量评比法
```

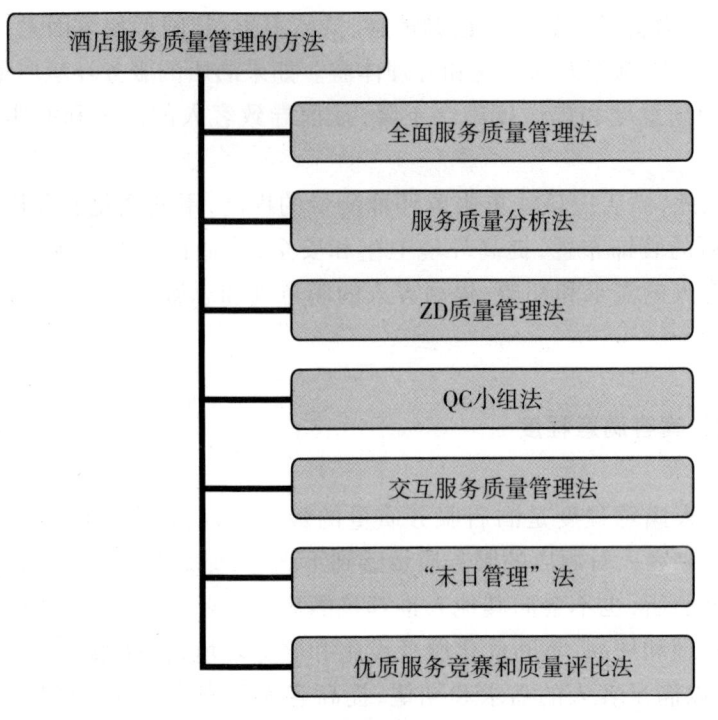

图 5-4 酒店服务质量管理的方法

TQM 的概念最早由美国通用电气公司的费根堡姆和质量管理专家朱兰提出，它强调组织中的所有成员共同参与，包括管理人员、工程师、工人、供应商和顾客等，通过协作、沟通和改进过程质量，达到提高产品或服务质量的目的是一种全员、全过程、全企业的管理方式。

TQM 的核心原则包括：顾客满意、领导作用、全员参与、过程方法、持续改进、基于事实的决策，以及与供应商的互利关系。这些原则旨在确保组织在追求高质量的过程中，能够满足顾客的需求和期望，并通过持续改进和提高过程质量，实现长期成功。

在 TQM 的实施中，组织需要关注产品质量、过程质量、体系质量、人员质量、文化质量等方面的管理，通过不断改进和提高这些方面的质量，达到提高产品或服务质量的目的是一种全员、全过程、全企业的管理方式。

酒店全面质量管理是指酒店以质量为中心，以全员参与为基础，综合运用现代管理科学，控制影响服务质量的全过程和各因素，全面满足宾客需求的管理活动。

二、服务质量分析法

服务质量分析方法很多,常用的有以下几种。

(一)ABC 分析法

ABC 分析法是一种常用的质量管理工具,它通过分析影响酒店服务质量的因素,找出关键性的质量问题,并制定相应的质量控制与管理措施。具体来说,ABC 分析法可以根据质量问题的重要程度,将质量问题分成 A、B、C 三类,其中 A 类表示最重要的质量问题,B 类表示次重要的质量问题,C 类表示一般的质量问题。

通过 ABC 分析法,可以清晰地了解每个质量问题在质量问题总体中所占的比重,以及不同质量问题对酒店服务质量的影响程度。这样,酒店就可以针对关键性的质量问题,采取有效的措施进行控制和管理,从而提高酒店的服务质量水平。

(二)因果分析图法

因果分析图法是一种有效的质量问题分析工具,它通过将质量问题与可能的原因之间的关系以图形化的方式表示出来,帮助人们更好地理解质量问题产生的根本原因。

因果分析图法通常采用鱼刺图或树枝图的形式,将质量问题作为图的起点,然后根据可能的原因和分析结果,逐步扩展出若干个分支,每个分支代表一个可能的原因或分析结果。这些分支可以进一步扩展出更小的分支,直到涵盖所有可能的原因或分析结果。

通过因果分析图法,可以对质量问题进行深入的分析,找出可能的原因和相关的因素,从而采取有效的措施进行控制和管理,提高产品的质量水平。同时,因果分析图法也可以帮助企业更好地了解市场需求和客户反馈,从而优化产品设计和生产流程,提高客户满意度和企业竞争力。

（三）质量结构分析图法

质量结构分析图法是一种常用的质量管理工具，它通过将服务质量调查数据以圆形图或饼形图的形式表示出来，直观地展示影响服务质量的主要因素，从而帮助企业更有针对性地提出改进措施。

质量结构分析图法可以将调查数据分为不同的组成部分，每个组成部分占据圆形图或饼形图的一个部分。可以根据每个组成部分的大小来反映其对服务质量的影响程度，以及在不同组成部分之间的比较。

通过质量结构分析图法，企业可以非常清晰地了解服务质量的主要问题所在，从而制定相应的改进措施，提高服务水平。

三、ZD 质量管理法

ZD 质量管理法是一种零缺点质量管理法，其含义是无缺点计划管理，即通过控制产品的质量，实现零缺点。这种方法是由美国人克劳斯比在 20 世纪 60 年代提出的，是一种常用的质量管理方法。

ZD 质量管理法的核心思想是，在产品质量控制中，要注重预防和改进，尽可能避免产品质量问题的发生。它强调企业应该通过预防措施、控制手段和标准化管理等方式，消除产品质量的缺陷，从而提高产品的质量和客户满意度。

具体来说，ZD 质量管理法包括以下几个步骤。

第一，制定零缺点计划。制定明确的质量目标和计划，包括质量标准、检测方法、改进措施等。

第二，实施预防措施。采取预防措施，防止产品质量问题的发生，包括对员工进行培训、加强设备维护、建立质量管理体系等。

第三，实行控制手段。通过控制手段，对产品质量进行监测和管理，包括检验、测量、统计等。

第四，实行标准化管理。将质量管理流程标准化，建立规范的操作规程和管理制度，确保产品质量的一致性和稳定性。

通过 ZD 质量管理法的实施，企业可以有效地提高产品质量，减少质量问题带来的风险和成本，提高客户满意度和企业竞争力。

四、QC 小组法

QC 小组是一种有效的质量管理工具,可以帮助企业提高产品质量、降低成本、提高客户满意度和企业竞争力。

QC 小组通常以改进质量、降低消耗、提高经济效益为目标,通过运用质量管理的理论和方法,开展一系列的活动,包括质量改进、成本控制、流程优化、客户服务等方面的改进。

QC 小组的活动通常包括以下几个步骤。

第一,确定问题。小组首先需要明确存在的问题,并确定改进的目标和方向。

第二,收集数据。小组需要收集相关的数据和信息,以便进行分析和改进。

第三,分析原因。小组需要分析问题的原因,找出根本原因,以便制定相应的改进措施。

第四,制定改进措施。小组需要制定具体的改进措施,并确定实施的时间和责任人。

第五,实施改进措施。小组需要按照制定的改进措施,认真实施,并不断跟进和调整。

第六,验证效果。小组需要验证改进措施的效果,确保改进成果的持续性和稳定性。

通过 QC 小组的活动,企业可以有效地提高产品质量,降低成本,提高客户满意度和企业竞争力,实现持续改进和发展。

五、交互服务质量管理法

酒店交互服务质量管理是为了实现酒店交互服务质量的提高,而采取的加强交互过程的控制、服务人员的培训,并创造顾客参与环境的管理活动。具体来说,酒店交互服务质量管理可以通过以下措施来实现。

第一,加强交互过程的控制。酒店应该建立完善的服务流程和标准,对服务过程进行监控和调整,确保服务质量和标准的实现。

第二,服务人员的培训。酒店应该对服务人员进行专业培训,提高他们的服务技能和素质,增强他们的服务意识和顾客服务意识。

第三，创造顾客参与环境。酒店应该创造顾客参与的环境，鼓励顾客参与服务过程，提高顾客的体验感和满意度。

通过这些管理活动的实施，酒店可以提升服务质量和顾客满意度，增强企业的竞争力和品牌形象，实现长期的业务发展。

六、"末日管理"法

"末日管理"也称"危机管理"，通常用来描述在特定情况下采取非常规管理方法，以应对酒店经营中的危机或困境。

对效益良好的酒店企业，采取严厉的规章制度和质量控制措施，是为了巩固市场占有率，维护良好的酒店形象。这通常包括在酒店内部树立危机意识，通过严格的质量管理和控制，确保服务质量的稳定和提高。

对濒临破产或质量低劣的酒店，管理者需要采取非常规的方式扭转劣势，提高服务质量。这可能包括接受宾客、报刊、电视、政府部门的批评，并积极采取措施改变劣势，提高服务质量。

这些非常规的管理方法可以帮助酒店企业应对危机或困境，并逐步恢复或提高服务质量，以保持竞争力和市场地位。

七、优质服务竞赛和质量评比法

酒店可以通过组织开展优质服务竞赛和质量评比等活动，来促使全体员工树立质量意识，提高执行酒店服务质量标准的主动性和积极性，营造提高酒店服务质量的气氛。

这些活动可以通过多种形式展开，如评比优质服务员工、质量标准执行最好的团队、最佳服务创新等。通过这些活动，可以激发员工的工作热情和竞争意识，提高员工的工作积极性和创新精神，从而提升酒店的服务质量和客户满意度。

此外，酒店还可以通过其他方式来营造提高服务质量的气氛，如开展质量文化宣传、推行质量管理体系、加强员工培训等。这些措施可以帮助酒店建立良好的质量文化，提高员工的质量意识和技能水平，从而提升酒店的服务质量和客户满意度。

第六章

酒店业营销管理

从服务视角来看，酒店业的营销管理是指以满足客人的需求和期望为出发点，通过制定和实施一系列营销策略和管理措施，来提升酒店的服务质量和品牌形象，吸引并留住客户，从而实现酒店的营销目标。在当今高度竞争的商业环境中，酒店业的营销已成为一个至关重要的环节。它不仅涉及将酒店产品从生产到销售的过程，更关乎创造并维护良好的市场关系、实现经济效益和社会效益，并提高顾客的忠诚度。为了成功地实现这些目标，酒店必须进行精心的策划和组织，开展具有针对性的营销活动。

第一节　酒店营销概述

一、酒店营销的概念

酒店营销是指酒店通过创造和传播有吸引力的产品、服务、体验和品牌，以及建立良好的市场关系，来吸引和保留顾客，从而实现经济效益和社会效益的过程。

酒店营销需要考虑到多个方面，包括市场需求、竞争环境、品牌定位、产品开发、价格策略、促销活动、客户关系管理等。现代酒店营销管理的新内容和方法包括数字化营销、内容营销、品牌建设、客户关系管理和影响力营销等。

通过合理运用这些营销策略，酒店可以更好地满足顾客的需求和期望，提高品牌的知名度和声誉，建立长期的关系和忠诚度，从而实现酒店的成功经营和持续发展。

二、酒店营销的任务

酒店进行专门的营销活动，一般是为了完成以下一些任务（图6-1）。

（一）刺激顾客需求

当大部分顾客不了解酒店的某些新产品并不予购买时，酒店需要通过营销管理来刺激顾客需求，使顾客知道、了解、感兴趣并最终购买这些产品。以下是一些可能的营销措施。

1. 市场研究

酒店可以进行市场研究来了解目标顾客的需求和兴趣，以及他们对酒店新产品的认知程度。通过了解市场和顾客的需求，酒店可以更好地定位新产品,并制定合适的营销策略。

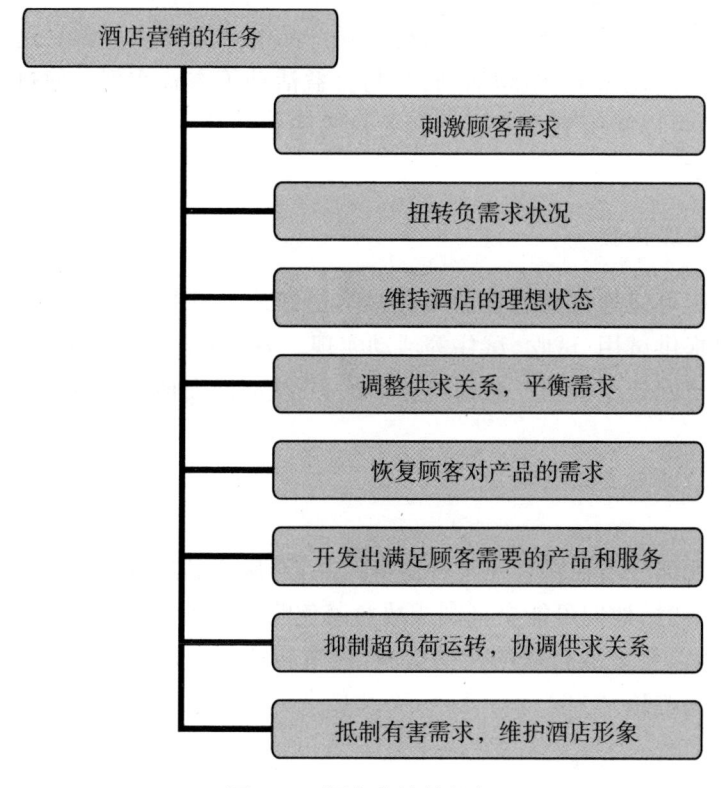

```
酒店营销的任务
├── 刺激顾客需求
├── 扭转负需求状况
├── 维持酒店的理想状态
├── 调整供求关系,平衡需求
├── 恢复顾客对产品的需求
├── 开发出满足顾客需要的产品和服务
├── 抑制超负荷运转,协调供求关系
└── 抵制有害需求,维护酒店形象
```

图 6-1 酒店营销的任务

2. 广告宣传

酒店可以通过广告宣传来提高顾客对新产品的影响力和认知度。这可以通过电视、广播、报纸、杂志、互联网等媒体宣传实现。通过广告宣传,酒店可以向潜在顾客传达新产品的特点、优势和价值,从而激发他们的兴趣和需求。

3. 销售促进

酒店可以通过销售促进来吸引顾客购买新产品。这可以通过推出特价套餐、提供优惠券、举办促销活动等方式实现。通过销售促进,酒店可以吸引更多的顾客尝试和使用新产品,从而提高新产品的认知度和销售量。

4.公关活动

酒店可以通过公关活动来提高新产品的认知度和形象。这可以通过举办新闻发布会、组织活动、参与公益活动等方式实现。通过公关活动,酒店可以吸引更多的媒体和公众关注新产品,并建立良好的品牌形象和声誉。

5.顾客体验

酒店可以通过顾客体验来让顾客更好地了解和接受新产品。这可以通过提供试用、试吃、试住等活动实现。通过顾客体验,酒店可以让潜在顾客更好地了解新产品的特点和优势,从而激发他们的购买欲望。

(二)扭转负需求状况

当大部分潜在顾客对某种房务产品、会展产品或餐饮产品感到厌烦或不需要时,他们可能会抵制或故意避免购买该酒店的产品。这种情况下,酒店需要采取合适的营销措施,以扭转这种负需求。以下是一些可能的营销措施。

1.重新定位产品

酒店可以考虑重新定位其产品,以更好地满足潜在顾客的需求和兴趣。这可能涉及对产品进行改进或创新,或者重新设计营销沟通策略,以更好地吸引目标受众。

2.强化品牌形象

酒店可以通过强化品牌形象来提高顾客对其产品的信任和忠诚度。这可以通过建立品牌网站、社交媒体页面或推广活动等方式实现。

3.改变价格策略

酒店可以通过改变价格策略来吸引潜在顾客。这可能包括降低价格、提供折扣或推出特价套餐等。

4.增加促销活动

酒店可以通过增加促销活动来吸引潜在顾客。这可以包括推出新的促销活动、举办特价促销活动或提供优惠券等。

5. 改进客户服务

酒店可以通过改进客户服务来提高顾客的满意度和忠诚度。这可以包括提供更好的服务态度、增加服务项目或改进服务流程等。

（三）维持酒店的理想状态

当酒店的产品和服务需求达到市场饱和时，酒店应该保持合理的售价，严格控制成本，同时改进产品质量，稳定产品销售量，维持酒店的理想状态。以下是酒店应该采取的措施。

1. 保持合理的售价

在市场饱和的情况下，酒店应该保持合理的售价，避免价格过高或过低对市场需求和收益造成影响。

2. 严格控制成本

酒店应该严格控制成本，减少不必要的开支，提高酒店的利润。

3. 改进产品质量

酒店应该不断改进产品质量，提高顾客的满意度，增加顾客的忠诚度。

4. 稳定产品销售量

在市场饱和的情况下，酒店应该稳定产品销售量，避免过度供应或供应不足对市场需求和收益造成影响。

5. 维持酒店的理想状态

酒店应该保持各项设施的充分利用，保持员工的合理工作量和强度，维持酒店的理想状态。

（四）调整供求关系，平衡需求

酒店某些产品的市场需求在不同的时间波动很大，这可能是由于季节性因素、节假日等因素的影响。为了平衡需求，酒店可以采取以下措施。

1. 价格调整

根据市场需求和季节性因素，合理调整客房价格。在需求较小的季节，可以降低价格以吸引更多顾客；在需求较大的季节，可以增加价格以限制需求。

2. 促销活动

在需求较小的季节，可以推出促销活动，吸引更多顾客。例如，推出特价套餐、优惠券等，以此吸引顾客预订客房。

3. 增加附加值

在需求较小的季节，可以增加一些附加值服务，如提供免费接机服务、赠送早餐等，吸引顾客预订客房。

4. 拓展市场

在需求较小的季节，可以拓展新的市场，如开展旅游推广活动，吸引更多游客。

总之，酒店应该根据市场需求和季节性因素，采取灵活的价格和其他措施来调整供求关系，平衡需求。这样可以提高酒店的收益和竞争力，同时提高顾客的满意度。

（五）恢复顾客对产品的需求

当酒店的产品和设施老化，大部分顾客对酒店产品的需求和兴趣可能会衰退，购买数量也会减少，这会造成酒店效益的明显下降。此时，酒店应该重新振奋市场营销，以重新兴起下降的产品需求。

酒店可以通过更新产品和设施来吸引顾客。这可能包括改进现有产品、引入新产品和设施，或者进行翻新和装修。通过提供更具有吸引力和新鲜感的产品和设施，酒店可以吸引顾客重新关注和购买。

（六）开发出满足顾客需要的产品和服务

当管理人员发现顾客对某种酒店产品存在潜在需求，但酒店尚不存在这种产品时，他们应该及时了解这一潜在市场的需求类型和规模，并开发顾客需要的产品。例如，电视会议室、高尔夫球场、金钥匙服务、会展服务、带有单独淋浴设施的客房等都是近年来商务酒店为满足顾客需求开发的新产品。

1. 电视会议室

电视会议室是一种通过电视会议技术来提供会议服务的设施。这种设施可以让顾客在不必亲自到场的情况下参加会议，从而节省时间和成本。

2. 高尔夫球场

高尔夫球场是一种提供高尔夫球运动的设施。这种设施可以让顾客在酒店内进行高尔夫球运动，从而满足他们对健康和娱乐的需求。

3. 金钥匙服务

金钥匙服务是一种提供全方位礼宾服务的品牌，包括代客泊车、代客购物、安排旅游行程等服务。这种服务可以让顾客享受到更加贴心和周到的服务。

4. 会展服务

会展服务是一种提供会议、展览、活动等服务的设施。这种设施可以让顾客在酒店内举办各种形式的活动，从而满足他们对商务和社交的需求。

5. 带有单独淋浴设施的客房

带有单独淋浴设施的客房是一种提供更加舒适和私密住宿体验的设施。这种设施可以让顾客享受到更加优质的住宿体验，从而满足他们对舒适和隐私的需求。

（七）抑制超负荷运转，协调供求关系

当酒店产品和服务的市场需求超过了酒店正常的经营能力，甚至超过了在强有力激励下所产生的酒店经营能力，这就使酒店处在了超负荷运转的状态下。此时，酒店应该采取措施降低市场营销。

1. 提高价格

适当提高价格可以减少顾客的需求，因为价格过高会抑制一部分顾客的消费意愿。

2. 减少服务项目

减少服务项目可以降低顾客对酒店服务的需求，从而缓解酒店超负荷运营的情况。

3. 减少促销

减少促销活动可以降低顾客对酒店产品和服务的关注度，从而减少需求。

4. 减少客源渠道

减少客源渠道可以控制顾客的数量，从而降低酒店超负荷运营的情况。

（八）抵制有害需求，维护酒店形象

在酒店营销管理中，遵守政府法规和保持良好的酒店形象是非常重要的。如果顾客提出赌博、酗酒、色情等需求，酒店应该坚决抵制，即使能获得不少利益，也不能妥协。以下是酒店应该采取的措施。

1. 遵守法规

酒店应该遵守所有相关的政府法规，包括禁止赌博、禁止酗酒、禁止提供色情服务等。如果酒店提供违反法规的服务或产品，将会受到法律制裁，影响酒店的声誉和形象。

2.保持形象

酒店应该保持良好的形象,提供优质的服务和产品,以满足顾客的需求。如果酒店提供不良服务或产品,将损害酒店的形象和声誉,影响顾客的满意度和忠诚度。

3.坚决抵制

如果顾客提出不良需求,酒店应该坚决抵制,并且向顾客解释不能提供这些服务的原因。酒店应该通过合理的途径向顾客传达正确的价值观和消费观念,引导顾客理性消费。

4.提供替代品

如果顾客有需求,酒店可以提供符合法规和酒店形象的替代品,如提供高品质的餐饮服务、舒适的住宿体验等。这样不仅可以满足顾客的需求,也可以提高酒店的品牌形象和声誉。

总之,在酒店营销管理中,遵守政府法规和保持良好的酒店形象是非常重要的。酒店应该坚决抵制不良需求,提供符合法规和酒店形象的服务和产品,以提高顾客的满意度和忠诚度,同时保持酒店的稳定收益。

第二节 目标市场的选择与定位

一、酒店的目标市场选择模式

酒店的目标市场选择模式主要包括以下几种(图6-2)。

(一)产品市场集中化

许多资源有限的小酒店往往采用集中化模式,选择单一的经营对象,集中力量在一个细分市场上获得较高的市场占有率。这种模式可以使酒店更好地关注和服务于一个特定的目标市场,提供更加专业和个性化的产品和服务,提高顾客满意度和忠诚度。

但是,采用这种集中化模式也会因为目标市场范围狭窄而承受较高的经营风险。由于市场范围狭窄,酒店的经营收入会受到限制,一旦目标市场发生变化或竞争加剧,酒店将面临较大的经营压力和风险。

因此,采用集中化模式的酒店需要充分考虑自身的资源状况和市场竞争情况,谨慎选择目标市场和经营对象,同时也要注重风险控制和经营管理,确保经营的稳定性和可持续发展。

```
酒店的目标市场选择模式
├── 产品市场集中化
├── 选择性专业化
├── 产品专业化
├── 市场专业化
└── 整体市场覆盖化
```

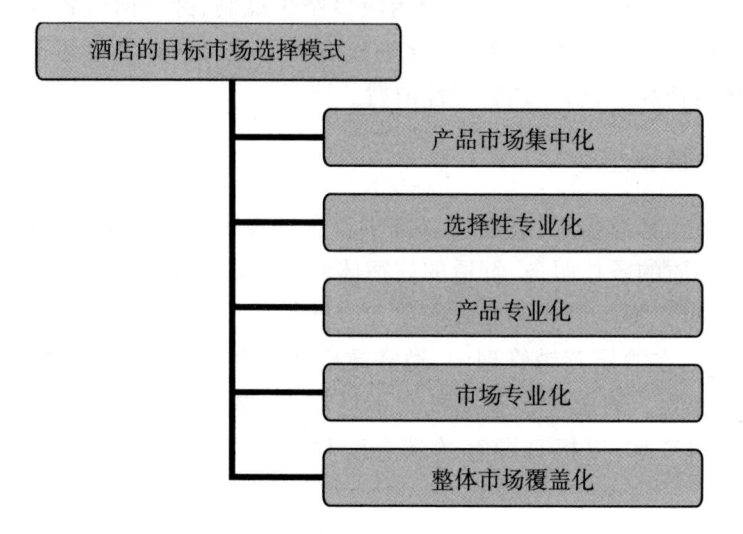

图 6-2　酒店的目标市场选择模式

(二)选择性专业化

酒店可以有选择地进入几个不同的细分市场,这种模式可以有效地降低酒店的经营风险,但是对酒店的管理能力和营销水平提出了较高的要求。

在选择进入不同的细分市场时,酒店需要仔细评估各个市场的潜力和发展前景,结合酒店本身的目标和资源,有目的地进入几个不同的市场,满足这些市场的不同需求。同时,酒店需要注重风险控制和经营管理,确保在不同的细分市场提供服务,满足需求的同时,也要保持经营的稳定性和可持续发展。

这种模式需要酒店具备足够的实力和资源来应对不同的市场变化和竞争情况,需要加强市场营销和管理,提高服务质量和品牌形象,增强顾客满意度和忠诚度,以实现酒店的长期发展和成功。

(三)产品专业化

酒店同时向几个细分市场销售一种产品,可以帮助酒店降低经营风险,同时也有利于发挥酒店的供应优势,在某一类产品上树立酒店的声誉。

这种模式可以使得酒店更加灵活地应对市场变化和竞争情况,提高经营稳定性和可持续性。同时,酒店可以通过向不同的细分市场销售同一产品,扩大市场份额和提高品牌知名度,增加经营收入和利润。

(四)市场专业化

酒店集中满足某一特定顾客群的各种需求,向他们提供所需的各种产品和服务,可以充分维持和发展酒店与顾客之间的良好关系,提高顾客的满意度,降低交易成本,并在目标顾客心目中建立良好形象。

但是,如果这类顾客的需求水平下降,将会影响酒店收益。因此,采用这种模式需要酒店充分考虑市场变化和竞争情况,加强经营管理,提高服务质量和品牌形象,不断开发新的产品和服务,以满足顾客的需求,并保持经营的稳定性和可持续发展。

(五)整体市场覆盖化

只有少数实力雄厚的大酒店才有可能采取为所有顾客群提供所有所需产品的模式。这种模式可以使得酒店能够覆盖整个市场,满足不同顾客群的需求,提高市场占有率和品牌知名度。

但是,采用这种模式需要酒店具备足够的管理能力和资源优势,能够生产各种不同的产品,满足不同顾客群的需求。

采用这种模式的酒店需要充分考虑市场变化和竞争情况,加强市场营销和管理,提高服务质量和品牌形象,不断开发新的产品和服务,以满足顾客的需求,并保持经营的稳定性和可持续发展。

二、酒店市场定位管理

市场定位是酒店营销中非常重要的一环,它可以帮助酒店找到最适合的目标市场,并根据目标市场的需求和本企业的特长,设定自己产品的位置和特色。在竞争激烈的市场中,酒店需要通过市场定位来突出自己的特色和优势,吸引顾客的关注和认可。

酒店市场定位的基本步骤包括以下五个方面(图6-3)。

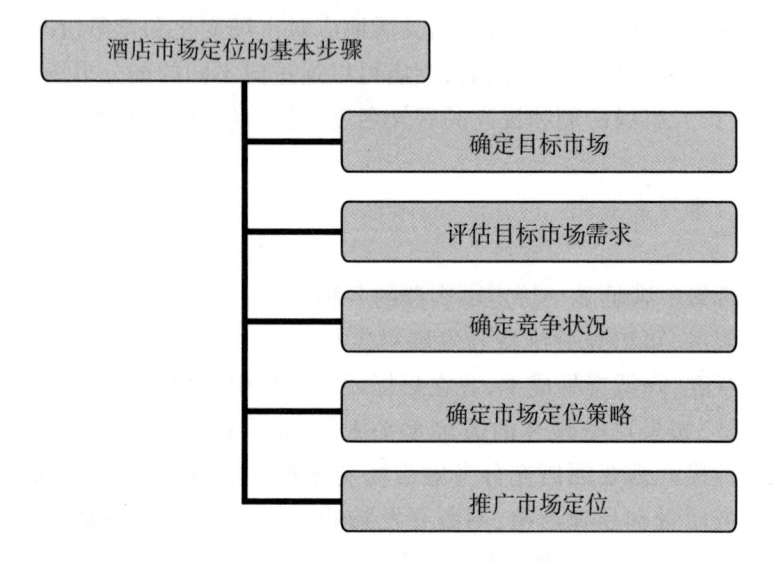

```
酒店市场定位的基本步骤
    ├── 确定目标市场
    ├── 评估目标市场需求
    ├── 确定竞争状况
    ├── 确定市场定位策略
    └── 推广市场定位
```

图6-3 酒店市场定位的基本步骤

(一)确定目标市场

酒店首先需要确定自己的目标市场,即确定酒店产品和服务所针对的消费者群体。这需要酒店进行市场调研和数据分析,了解消费者的需求和偏好,以及竞争对手的情况,从而确定最适合的目标市场。

(二)评估目标市场需求

在确定目标市场后,酒店需要进一步评估目标市场的需求和偏好,了解消费者对酒店产品和服务的需求和期望。这需要酒店进行市场调研和数据分析,了解目标消费者群体的消费习惯和需求,从而确定酒店产品和服务的设计和开发方向。

(三)确定竞争状况

酒店需要了解竞争对手的情况,包括竞争对手的产品和服务、定位和特色等。这需要酒店进行市场调研和数据分析,了解竞争对手的优劣势和市场份额,从而确定自己的竞争策略和定位方向。

(四)确定市场定位策略

在了解目标市场和竞争状况的基础上,酒店需要确定自己的市场定位策略,包括产品定位、品牌定位、服务定位等。这需要酒店根据目标市场的需求和偏好,以及竞争对手的情况,制定有效的市场定位策略,突出自己的特色和优势。

(五)推广市场定位

酒店需要加强市场宣传和推广,通过各种渠道向目标消费者传递自己的产品特色和优势,提升品牌认知度和好感度。这需要酒店制定有效的市场推广策略,包括广告宣传、公关活动、社交媒体推广等,以实现市场定位的效果和价值。

第三节　营销组合策略研究

一、产品策略

酒店产品策略是营销组合的第一要素,是酒店营销组合中的一个最主要的、决定性的因素。它不仅决定着酒店向目标市场提供什么样的产品,而且直接影响着产品价格、分销渠道和促销决策等的制定。酒店产品策略包括产品生命周期策略、产品组合策略和新产品开发策略。

(一)产品生命周期策略

产品生命周期策略是指考虑酒店产品的生命周期特点,根据产品在不同阶段的特征和市场需求,采取不同的市场定位和营销策略。以下是产品生命周期策略的几个阶段。

1. 导入期

在这个阶段,酒店推出新的产品,开始进入市场。在这个阶段,酒店需要采取措施来推广产品,如通过广告和促销活动来提高产品的知名度。

2. 成长期

在成长期,酒店产品已经在市场上获得了一定的成功,并且有更多的客户开始了解和使用该产品。在这个阶段,酒店可以继续加强广告和促销活动,同时加强产品的服务和质量,以提高客户满意度和忠诚度。

3. 成熟期

随着时间的推移,酒店产品的销售量和利润都会逐渐下降。在这个阶段,酒店可以通过提供更好的服务和质量来保持客户满意度,同时也可以考虑推出新的产品来吸引更多的客户。

4. 衰退期

在衰退期,酒店产品的销售量和利润已经下降到最低点。在这个阶段,酒店可以采取措施来减少成本,如减少广告和促销活动,同时寻找新的机会和产品来提高酒店的利润。

(二)产品组合策略

产品组合也称产品搭配,是指酒店提供给顾客的全部产品的范围和结构,是酒店对产品组合的宽度、长度、深度和相关度四个方面的决策。

产品组合的宽度是指酒店提供的产品种类数,包括客房、餐饮、会展、康乐等。酒店需要根据目标市场的需求和竞争情况,确定合适的产品种类数,以最大化满足顾客需求。

产品组合的长度是指酒店提供的所有产品的总数,包括不同类型、不同等级的产品。酒店需要根据目标市场的需求和竞争情况,确定合适的产品总数,以最大化满足顾客需求。

产品组合的深度是指酒店提供的每一类产品的品种数,包括不同等级、不同规格、不同功能的产品。酒店需要根据目标市场的需求和竞争情况,确定合适的产品品种数,以最大化满足顾客需求。

产品组合的相关度是指酒店提供的不同产品之间的关联程度,包括同类产品、不同类产品之间的关联程度。酒店需要根据目标市场的需求和竞争情况,确定合适的产品相关度,以最大化满足顾客需求。

因此,酒店需要通过对产品组合的宽度、长度、深度和相关度的研究,制定合适的产品组合策略,以最大化满足顾客需求,提高酒店的竞争力和盈利能力。

(三)新产品开发策略

新产品开发策略是指不断进行产品创新和改进,开发符合市场需求的优质新产品,以提高酒店的竞争力和客户满意度。以下是一些新产品开发策略。

1. 市场调研

酒店可以通过市场调研来了解客户的需求和喜好,以及竞争对手的情况。

2. 设计创新

酒店可以通过设计创新来开发新产品,如新造型的客房、新型餐饮服务等。

3. 功能改进

酒店可以通过功能改进来提高产品的质量和性能,如改进客房的设施和服务、改进餐饮的口味等。

4.价格优化

酒店可以通过价格优化来提高产品的价格竞争力,如调整价格来满足不同客户的需求等。

二、价格策略

(一)影响价格的因素

现实市场不是真空市场,酒店产品的价格会受到多种因素的限制,包括成本、市场因素、营销目标、政策因素、酒店产品营销和通货膨胀等。这些因素不仅是多方面的,而且会相互作用,因此酒店需要贯彻灵活机动的原则进行定价。

在制定价格策略时,酒店需要充分考虑这些因素的影响,并进行综合分析。例如,如果成本上升,酒店需要适当提高价格以保持盈利能力;如果市场竞争激烈,酒店需要制定更具竞争力的价格以吸引更多的顾客;如果政策限制较多,酒店需要遵守政策规定并进行合理的价格调整。

同时,酒店需要关注价格的灵活性和可调整性,根据市场环境和竞争情况适时调整价格,以保持市场的竞争力和酒店的盈利能力。

(二)定价策略

定价策略是酒店企业进行价格决策的基本措施和技巧。

1.新产品定价策略

(1)撇脂定价法

撇脂定价是一种高价打入市场、以促销方式推出新产品的策略。撇脂定价通常用于市场规模有限、需求弹性较小、购买者愿意出高价、潜在市场并不迫在眉睫的时候。这种策略一般多用于酒店新开业、新产品销售等情况下。

在采用撇脂定价策略时,酒店需要仔细分析市场需求和竞争情况,并确定适当的高价。同时,酒店需要采取适当的营销手段,如宣传、推广等,以提高产品的知名度和吸引更多的顾客。

（2）渗透定价法

渗透定价是一种帮助企业快速进入市场的定价策略,包括快速渗透和缓慢渗透两种定价方式。

快速渗透是一种以低价格和高促销水平推出新产品的策略,旨在不断扩大产品销售实现市场占有率,并给企业带来最快速的市场渗透和最高的市场份额。

缓慢渗透则是一种以低价格和低促销水平推出新产品的策略,企业在以低价格促进市场占有的同时降低促销成本以实现较多的利润。但是这种定价方式必须以市场足够大、产品具有一定知名度为前提。

在选择渗透定价方式时,企业需要根据市场需求、竞争情况、产品成本和营销目标等因素进行综合分析,选择最合适的定价策略来进入市场并实现市场占有率。同时,企业需要密切关注市场反馈和竞争情况,及时调整定价策略,以保持市场竞争力并实现企业的盈利目标。

（3）满意定价法

吸取以上两种方法的优点,企业可以选择一种适中的价格,以平衡市场需求和盈利能力。

在这种情况下,企业可以选择以中等的价格推出新产品,既不高也不低,同时采用适度的促销活动来吸引潜在客户。选择适中价格的好处在于,它可以让企业在保持竞争力的同时获得一定的市场份额。如果企业的产品在市场上具有一定的知名度和口碑,那么这种定价策略就更容易被接受和成功。

此外,如果市场总体比较平稳,没有明显的价格波动或竞争压力,那么选择适中价格可以更加稳定地维护企业的市场份额和盈利能力。

需要注意的是,选择适中价格的定价策略仍然需要企业根据市场需求、竞争情况和产品成本等因素进行综合分析,并进行灵活调整。在市场竞争激烈或市场需求变化较快的情况下,企业可能需要重新评估定价策略,以确保其与市场变化保持一致。

2. 心理定价策略

利用宾客的心理因素进行合理定价,巧妙刺激宾客的消费欲望。

（1）尾数定价策略

企业利用消费者数字认知的心理特点进行定价是一种常见的策略。这种策略通过保留尾数、避免整数的定价方式，让人们在心理上产生递减的感觉，从而更容易接受价格。

例如，一家经济型酒店的客房定价为198元，会让人感觉该客房的价格仅为100多元，而如果定价为208元，则会给人一种价格为200多元的印象。虽然两个价格之间只差了10元，但在人们心理上产生的差异非常大。

此外，这种定价策略还可以给消费者一种中意的感觉。由于不同国家、地区的风俗习惯和文化传统不同，消费者往往存在某些数字的偏爱和忌讳。例如，对一个10元左右的低价值商品，美国人喜欢奇数，所以定价为9.97元；日本人喜欢偶数，定价为9.94元；而中国人喜欢数字8和6，定价为9.98元。

这种定价策略可以通过实验证明其有效性。在实际应用中，企业需要仔细研究目标市场和消费者心理，根据市场需求和竞争情况制定适当的定价策略，以提高产品的市场竞争力并实现企业的营销目标。

（2）整数定价策略

整数定价策略是一种将酒店产品价格定在整数上的策略，通常适用于高档、名牌的酒店产品。这种策略的主要目的是让消费者产生一种"一分钱一分货"的购买意识，从而提高企业的经济效益。

整数定价策略具有以下几个优点。

①提高产品形象

将产品价格定在整数上，能够给消费者留下产品质量高、信誉良好的印象，有助于提高产品的形象和品牌知名度。

②增强购买意愿

整齐而较高的价格能够给一些注重身份地位或有较高消费能力的客人心理上的满足感和自豪感，从而增强他们的购买意愿。

③促进销售

整数定价策略能够提高产品的吸引力和竞争力，有助于促进销售和增加市场份额。

然而，整数定价策略也存在一定的局限性。

①价格难以调整

一旦产品定价定在整数上，价格就难以进行调整。如果市场需求或竞争环境发生变化,企业可能需要重新制定定价策略,增加了经营风险。

②适用范围有限

整数定价策略适用于高档、名牌的酒店产品,对中低档产品或普通消费者来说,这种策略并不适用。

综上所述,整数定价策略是一种有助于提高产品形象、增强购买意愿和促进销售的策略,但企业需要在实践中根据市场需求、竞争情况和产品特点等因素综合考虑,选择合适的定价策略来达到最佳的经营效果。

3. 折扣定价策略

(1)数量折扣策略

数量折扣是一种常见的促销策略,它通过对达到一定数量的购买行为给予一定折扣的方式来刺激消费者或中间商购买酒店的产品。这种策略可以帮助酒店增加销售量,提高市场份额,同时也可以降低生产和销售成本,加快资金的周转速度。

一次性批量折扣和累计批量折扣是数量折扣策略的两种主要形式。一次性批量折扣是针对一次性购买达到一定数量的消费者或中间商给予的折扣,这种折扣通常适用于酒店大批量生产和销售产品的情况,可以降低生产和销售成本,提高生产效率。累计批量折扣则是针对在一定时期内累计购买酒店产品的数量或金额超过规定数额的购买者给予的价格折扣,这种折扣可以鼓励消费者和中间商长期购买酒店的产品,建立忠诚的合作关系,同时也可以帮助酒店更好地应对市场竞争。

在实施数量折扣策略时,酒店需要注意以下几点。

①设置合理的折扣标准

酒店需要根据自身的生产和销售情况,设置合理的折扣标准,既能够吸引消费者或中间商购买产品,又能够保证酒店的利润水平。

②控制折扣幅度

折扣幅度不能过大,以免对酒店利润造成过大的影响,同时也要考虑竞争对手的定价策略,避免过度竞争。

③建立有效的跟踪和监控机制

酒店需要建立有效的跟踪和监控机制,了解消费者的购买情况和购买需求,及时调整数量折扣策略,以达到最佳的销售效果。

④配合其他促销活动使用

数量折扣策略可以与其他促销活动如满减、优惠券等结合使用,以增加对消费者的吸引力。

(2)季节折扣策略

季节折扣策略是一种针对酒店在销售淡季时,为鼓励消费者购买产品而给予的一种折扣优惠策略。由于旅游目的地的气候因素、传统节日以及客源市场的假期等因素的综合作用,酒店市场呈现出明显的季节性特点,导致在淡季大量服务设施闲置。为了提高服务设施的利用率,酒店在淡季可以采用季节折扣策略,通过折价销售来吸引消费者。

(3)现金折扣策略

现金折扣策略是一种酒店为了鼓励中间商以现金付款或尽早付款而给予的一定价格折扣的策略。这种策略可以帮助酒店加快资金周转速度,减少资金被占用所产生的费用,降低产生呆账和坏账的风险。

(4)同业佣金折扣

同业佣金折扣是一种常见的酒店营销策略,主要通过团队佣金、代订公司佣金等形式给予中间商一定的折扣。这种折扣策略的目的是激励各类中间商的销售积极性,以尽最大可能向市场销售酒店的产品。

但在实施过程中,酒店需要根据自身情况和市场环境进行合理的设置和调整,避免过度竞争和利润下降的风险。同时,也需要与中间商建立良好的合作关系,共同推动酒店产品的销售和发展。

(5)最后一分钟定价策略

最后一分钟定价策略是酒店业针对未出售的产品而采取的一种定价策略。由于酒店产品的不可储存性,未出售的产品到了第二天将失去价值,因此酒店业出现了所谓的最后一分钟产品销售市场。

在最后一分钟定价策略中,酒店会根据产品的固定成本和变动成本来决定售价。如果产品无法在最后一刻以高于变动成本的价格售出,酒店会选择以低于固定成本和变动成本的价格出售,因为这样可以弥补部分固定成本和变动成本,至少可以避免损失。

例如,某酒店一种普通标准间的固定成本为100元(间/天),变动成本为60元(间/天)。如果在最后一刻只能以120元的价格售出,酒店会选择前者,因为虽然120元的价格不足以弥补该种客房的全部成本,但至少可以弥补变动成本并获得60元的收益,同时可以部分地弥补固定成本100元。否则,如果无法售出,该客房将失去价值,相当于损失了100元的固定成本。

最后一分钟定价策略可以帮助酒店在经营淡季时降低空房率,提高收益。但需要注意的是,这种定价策略可能会对竞争对手和市场价格产生影响,因此酒店需要谨慎考虑并随时关注市场变化。

三、渠道策略

渠道策略是指酒店为了吸引潜在客户并满足其需求所采取的各种方法和手段。

(一)营销渠道的种类

1. 直接营销渠道

直接营销渠道是指酒店不通过任何中间商,直接向宾客销售产品,如酒店前台直接向散客销售客房、餐饮等产品。这种渠道的特点是酒店直接把产品呈现给消费者,能够得到及时的反馈和真实的消费者需求信息,有利于了解市场需求及变化趋势,提高利润水平。同时,直接营销渠道可以降低流通费用,提高产品的竞争力。

然而,直接营销渠道也存在一些缺点。首先,产品销售的覆盖面不够广,酒店需要通过其他渠道来扩大销售范围。其次,直接营销渠道需要酒店自身拥有一定的销售力量和渠道资源,需要投入大量的人力、物力和财力。此外,直接营销渠道需要面对激烈的市场竞争,需要不断提升产品和服务质量,才能吸引更多的消费者。

2. 间接销售渠道

间接销售渠道是指酒店通过与批发商、零售商、代理商等机构合作,借助其销售渠道来销售自己的产品。这种渠道方式可以帮助酒店有效地节省销售成本、减少交易次数、扩大销售范围、增加销售量。同时,借助中间商的力量,酒店可以弥补自身营销财力与人力的不足,充分发挥中间商的营销优势,有效地规避市场风险。

然而,间接销售渠道也存在一些缺点。首先,中间商的增多可能会让酒店的销售失去控制,导致利润降低。其次,中间商通常需要获得一定的利润,因此会增加产品的成本,导致产品的竞争力降低。此外,间接销售渠道需要酒店与中间商建立合作关系,需要花费一定的时间和精力来建立和管理渠道。

(二)营销渠道选择策略

1. 选择销售渠道需考虑的因素

(1)产品特性

产品的不同特性也会影响销售渠道的选择。例如,对一些高端产品,可以选择专卖店或者高端商场进行销售,而对普通消费品,则可以选择超市、便利店等销售渠道。

(2)目标市场

不同的市场需要不同的销售渠道。例如,对年轻人群体,可以选择线上渠道,而对老年人群体,则需要选择线下渠道。

(3)竞争环境

竞争环境也会对销售渠道的选择产生影响。如果市场上已经有很多类似的产品,则需要选择更多的销售渠道来增加产品的曝光率。

(4)成本和收益

选择销售渠道还需要考虑成本和收益的平衡。一些销售渠道的成本较高,但是可以提供更好的客户体验和服务,而一些销售渠道的成本较低,但是需要进行更多的市场推广和客户服务。

(5)渠道的管理和控制

选择销售渠道还需要考虑渠道的管理和控制成本。如果酒店无法有效地控制和管理渠道,可能会导致产品的质量和形象受到影响,甚至会导致销售失败。

(6)品牌形象和定位

酒店品牌形象和定位也会影响销售渠道的选择。例如,如果酒店定位为高端品牌,则需要选择符合品牌形象的销售渠道,如高端商场、专卖店等。

(7)销售策略和目标

酒店的销售策略和目标也会影响销售渠道的选择。例如,如果酒店的目标是增加市场份额,则可以选择更多的线上渠道来扩大销售范围。

（8）合作伙伴

选择销售渠道时还需要考虑合作伙伴的因素。如果酒店能够与一些有实力的中间商或代理商合作，则可以获得更好的销售效果和更多的市场份额。

（9）客户购买偏好

客户的购买偏好也会影响销售渠道的选择。例如，有些客户更喜欢在线购买产品，而有些客户则更喜欢在实体店购买产品。

（10）地理位置因素

地理位置因素也会影响销售渠道的选择。例如，如果酒店位于城市中心或者商业区，则可以选择更多的线下渠道来吸引客户。

2. 营销渠道的发展趋势

随着市场竞争的加剧，酒店企业依靠单一的营销手段已显得越来越力不从心。因此，在营销渠道的选择上开始走"联合营销"的路子。联合营销是一种有效的策略，可以帮助酒店企业通过与其他企业合作来扩大营销渠道和增加客户群。以下是一些可以采取的联合营销策略。

（1）合作伙伴选择

酒店企业需要确定哪些企业可以作为潜在的合作伙伴。这可以包括其他酒店、航空公司、旅行社、俱乐部、景点等。在选择合作伙伴时，需要考虑彼此的目标和价值观是否相符，以确保合作能够顺利开展。

（2）交换资源

联合营销可以通过交换资源来降低成本并提高效率。例如，一家酒店可以与一家航空公司合作，通过提供优惠住宿来吸引顾客，而航空公司则可以通过提供折扣机票来吸引顾客。这种互利的方式可以建立起更紧密的合作关系。

（3）共享客户数据库

通过共享客户数据库，酒店企业可以更好地了解目标客户的需求和偏好，从而更好地定制营销策略。同时，合作伙伴也可以通过共享客户数据库来扩大潜在客户群。

（4）联名信用卡或会员卡

酒店企业可以与银行或其他金融机构合作，推出联名信用卡或会员卡，以吸引更多顾客。这种合作可以提供额外的奖励和优惠，如积分、现金返还等。

（5）举办活动或推广活动

酒店企业可以与其他企业合作举办活动或推广活动，如婚礼、会议、展览等。这些活动可以吸引更多的潜在客户，同时也可以增加品牌知名度。

（6）合作宣传

酒店企业可以与其他企业合作进行宣传活动，如在机场、地铁站等地方设置宣传广告牌或展示屏幕。这种合作可以降低宣传成本，同时也可以强化宣传效果。

四、促销策略

（一）促销策略的含义

促销策略是指企业为了达到促销目标而采用的一系列有计划、有组织的促销活动的组合。促销策略包括直接促销和间接促销两种类型。直接促销是指企业通过派遣销售人员或使用宣传人员，直接向潜在客户推销产品或服务，如面对面的销售演示、试住、试用等。间接促销是指企业通过广告、营业推广和公共关系等手段，向潜在客户宣传产品或服务，如广告宣传、宣传册、海报、网上广告等。

（二）促销策略的内容

促销策略包括以下内容。

1. 促销目标

企业需要明确促销的目标，如增加销售额、提高市场份额、吸引新客户等。

2. 促销对象

企业需要确定促销的对象，如潜在客户、现有客户、竞争对手等。

3. 促销渠道

企业需要选择合适的促销渠道,如广告、营业推广和公共关系等。

4. 促销内容

企业需要确定促销的内容,如产品或服务的特点、价格、质量、服务等。

5. 促销时间

企业需要确定促销的时间,如季节性促销、节假日促销等。

6. 促销预算

企业需要制定合理的促销预算,以确保促销活动的可行性和经济性。

7. 促销效果评估

企业需要制定促销效果评估方案,以评估促销活动的效果和收益。

在制定促销策略时,企业需要综合考虑以上因素,并根据市场和客户需求进行灵活调整。同时,企业也需要根据实际情况选择最合适的促销策略,以实现最佳的促销效果。

(三)常用的促销手段

以下是一些常用的促销手段。

1. 折扣促销

企业通过提供一定比例的折扣来吸引客户购买产品或服务,如满额折扣、限时折扣等。

2. 赠品促销

企业通过在购买产品或服务时赠送额外的物品或服务来吸引客户购买,如购买某个产品赠送相应的配件或服务等。

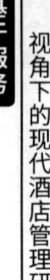

3. 优惠券促销

企业通过发放优惠券来吸引客户购买产品或服务，如购买某个产品可以获得折扣券或免费试用券等。

4. 组合促销

企业通过将多个产品或服务组合在一起，以更优惠的价格销售，如套餐促销、打包销售等。

5. 抽奖促销

企业通过在购买产品或服务时参加抽奖活动，让客户有机会赢取奖品或奖金，如购买某个产品可以参加抽奖活动，赢取相应的奖品或奖金。

6. 推荐促销

企业通过鼓励客户推荐新客户购买产品或服务，以提供额外的奖励或优惠，如推荐新客户购买可以获得积分或折扣等。

7. 限时促销

企业通过在一定时间内提供优惠或折扣来吸引客户购买产品或服务，如限时抢购、秒杀等。

8. 公关活动促销

企业通过举办公关活动来提高品牌形象和知名度，如公益活动、发布会等。

9. 社交媒体促销

企业通过社交媒体平台发布优惠信息来吸引客户购买产品或服务，如在微信公众号、微博等平台上发布优惠信息。

10. 会员制促销

企业通过建立会员制度，为会员提供额外的优惠和福利，如会员折扣、积分兑换等。

这些促销手段可以根据不同的产品和市场需求进行灵活组合和调整,以达到最佳的促销效果。同时,企业也需要根据实际情况制定合理的促销预算和时间安排,以确保促销活动的可行性和经济性。

第七章

酒店人力资源管理

　　服务视角下的酒店人力资源管理,致力于打造一支高效、专业、贴心的人力资源团队,为酒店的成功运营提供有力支持。酒店业作为一项服务性行业,人力资源管理的重要性不言而喻。酒店需要通过有效的人力资源管理,吸引和留住优秀的员工,提高员工的工作满意度和忠诚度,以实现酒店的长期发展目标。

第一节　人力资源管理概述

一、人力资源

（一）人力资源的概念

人力资源是指存在于一定社会经济范围内的劳动力总量,包括人的体力、智力、技能和经验等,是社会经济发展的重要资源。在酒店业中,人力资源是指酒店内所有员工的总和,包括管理人员、服务员、厨师、清洁工等。

（二）人力资源的特点

人力资源作为企业第一资源,具有以下特点(图7-1)。

1. 生产与消费两重性

人力资源具有生产与消费两重性,这是人力资源与其他资源的一个重要区别。以下是对人力资源生产与消费两重性的进一步解释。

（1）人力资源的生产属性

人力资源的生产属性是指员工在工作中所发挥的生产能力,通过工作为企业创造经济效益。人力资源的生产属性体现在以下几个方面。

①技能和知识

员工具备的技能和知识是人力资源生产属性的基础。员工通过学习和培训获得技能和知识,这些技能和知识可以帮助员工在工作中更好地解决问题和完成任务。

②年龄和经验

员工的年龄和经验也是人力资源生产属性的重要因素。随着年龄的增长和工作经验的积累，员工的技能和经验会更加丰富，能够更好地解决问题和完成任务。

③工作态度和团队合作能力

员工的工作态度和团队合作能力也是人力资源生产属性的重要方面。积极的工作态度和良好的团队合作能力可以帮助员工更好地完成工作任务，提高工作效率和工作质量。

```
人力资源的特点
├── 生产与消费两重性
├── 时效性
├── 能动性
├── 社会性
└── 再生性
```

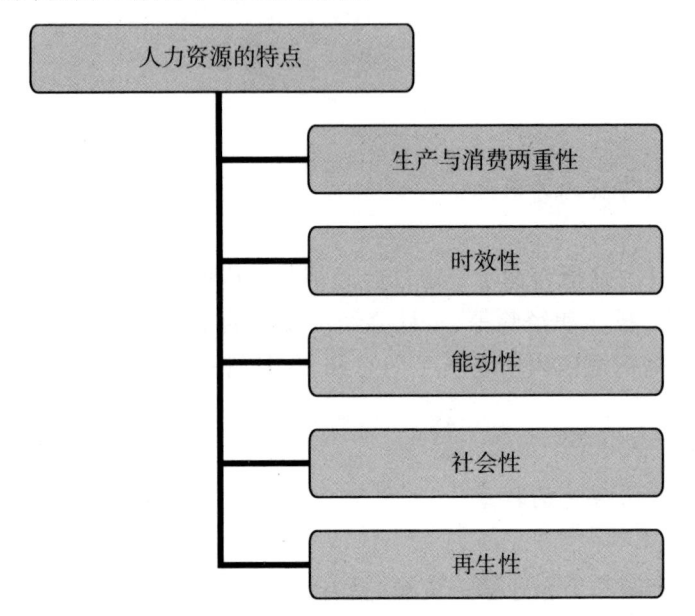

图 7-1 人力资源的特点

（2）人力资源的消费属性

人力资源的消费属性是指员工在工作中需要消耗企业的成本和费用，包括工资、福利、培训费用等。以下是一些人力资源消费属性的因素。

①工资和福利

企业需要支付员工的工资和福利，这是人力资源消费属性的主要方面。企业需要根据员工的岗位和能力水平来制定相应的工资和福利待遇。

②培训和管理成本

企业需要为员工提供培训和管理支持，这些都需要消耗企业的成本和费用。企业需要制定相应的培训计划和管理制度，以支持员工的发展和提高工作绩效。

③离职成本

员工的离职也会给企业带来成本和费用的消耗,包括招聘成本、培训成本、离职补偿金等。企业需要采取相应的措施来降低离职率,从而减少离职成本。

2. 时效性

人力资源具有时效性,这是人力资源的一个重要特征。以下是对人力资源时效性的进一步解释。

(1)人力资源的成长和发展

人力资源的时效性首先体现在员工的成长和发展方面。员工在进入企业时,通常会经历不同的阶段和层次,包括适应期、成长期、成熟期、衰退期等。企业在人力资源管理中需要考虑员工在不同阶段的特征和需求,制定相应的管理策略和措施,以促进员工的成长和发展。

(2)人力资源的工作效率

人力资源的时效性也体现在员工的工作效率方面。员工在不同阶段的工作效率可能会有所不同。例如,新员工可能需要较长时间来适应工作环境和工作任务,工作效率相对较低;而老员工则可能更加熟练和高效地完成工作任务。因此,企业在人力资源管理中需要根据员工的工作效率来制定相应的管理策略和措施,以提高工作效率和工作质量。

(3)人力资源的激励和约束

人力资源的时效性也体现在激励和约束方面。员工的激励和约束机制需要根据不同阶段的特征和需求进行调整和优化。例如,在新员工适应期,企业需要提供更多的激励和帮助,以帮助员工适应工作环境和工作任务;而在成熟期,企业则需要提供更多的发展机会和挑战,以激励员工保持工作热情和积极性。

3. 能动性

人力资源具有能动性,能够自我强化、自我完善和自我提高。

(1)自我强化

人力资源在工作中不断积累经验,提高技能水平,从而自我强化生产能力。员工在工作中通过实践和学习,不断改进工作方法和技能,提高工作效率和质量,从而更好地完成工作任务。这种自我强化的过程可以通过员工个人的努力和自我激励来实现,也可以通过企业的培训和激励机制来促进。

(2)自我完善

人力资源在工作中不断学习新知识、新技能和新经验,从而完善自我生产能力。员工在工作中不断追求进步和发展,学习新的知识和技能,提高自己的综合素质和竞争力。这种自我完善的过程可以通过员工个人的学习和发展来实现,也可以通过企业的培训和晋升机制来促进。

(3)自我提高

人力资源在工作中不断追求自我价值的实现和提高,从而提高自我生产能力。员工在工作中不仅关注任务的完成和工作效率的提高,还关注自身的发展和价值的实现。这种自我提高的过程可以通过员工个人的追求和努力来实现,也可以通过企业的晋升和激励制度来促进。

企业在人力资源管理中需要充分考虑员工的能动性,通过制定科学合理的管理策略和措施,激发员工的积极性和创造力,提高员工的工作满意度和忠诚度,从而实现企业的长期发展目标。

4. 社会性

人力资源的社会性主要是指人力资源受到社会文化、价值观念、法律法规、道德规范等多种因素的影响,具有独特的社会性特征。

(1)社会文化背景

人力资源的社会文化背景对员工的思想观念、行为方式和价值观念等方面产生影响。不同国家和地区的文化背景、教育体系、社会习俗等都会对员工的素质和能力产生影响。

(2)价值观念

价值观念是人力资源社会性的重要表现之一。不同的价值观念会影响员工的工作态度、行为方式和工作目标,如职业道德、责任意识、团队协作等。

(3)法律法规和道德规范

人力资源的法律法规和道德规范对员工的行为和活动产生约束和规范。企业的管理活动需要遵守国家的法律法规和道德规范,员工的行为也需要符合企业的规章制度和社会道德的要求。

(4)社会关系和社会组织

人力资源的社会关系和社会组织也会对员工的行为和工作产生影响。例如,企业的组织结构、管理体制、团队协作等方面都会对员工的工作效率和工作质量产生影响。

5. 再生性

人力资源具有再生性,这是其区别于物质资源的重要特征之一。人力资源的再生过程是指通过教育和培训等手段,提高员工的知识、技能和素质,从而增加员工的生产能力。这个过程可以通过以下途径实现。

（1）教育

教育是人力资源再生的重要途径之一。通过教育,员工可以获得知识和技能,提高自己的素质和能力。教育可以包括学校教育、职业培训、继续教育等不同形式。

（2）培训

培训是人力资源再生的另一个重要途径。通过培训,企业可以帮助员工提高技能、掌握新知识和新技能,适应工作变化和挑战。培训可以包括内部培训、外部培训、在线培训等多种形式。

（3）经验积累

经验积累也是人力资源再生的一个重要方式。员工在工作中不断积累经验,提高自己的技能和能力,从而实现个人发展。

二、人力资源管理

（一）人力资源管理的概念

人力资源管理（Human Resource Management,简称 HRM）是指根据企业发展战略和人力资源需求,通过招聘、选拔、培训、考核、激励等手段,对员工进行合理配置和有效管理,以激发员工的积极性和潜力,实现企业目标的过程。

（二）人力资源管理与传统人事管理的区别

人力资源管理与传统人事管理在以下几个方面存在明显的区别。

1. 定义和视角

传统人事管理主要关注人员的招聘、录用、晋升、薪酬等方面的事务性工作,将员工视为企业运营成本和资源,强调对员工的管理和控制。而人力资源管理则更注重员工的培训与发展、绩效与激励、员工关系与企业文化等方面,将员工视为企业的重要资产,注重发挥员工的潜力和价值,通过人力资源的合理配置和管理,实现企业和员工的共同发展。

2. 职能和角色

传统人事管理通常处于执行层,主要负责处理日常事务和行政工作,如招聘、薪酬、福利、员工关系等。而人力资源管理则更多地进入决策层,参与企业的战略规划和决策制定,提供人力资源方面的专业意见和建议,推动企业的人力资源发展和改革。

3. 管理和方式

传统人事管理通常以规章制度和政策法规为依据,通过纪律、规定和流程等手段对员工进行管理和控制。而人力资源管理则更注重人性化的管理方式,强调员工的自我实现和全面发展,通过激励、培训和发展等手段,激发员工的积极性和创造力,提高企业的竞争力和绩效。

4. 目标和成果

传统人事管理的目标主要是满足企业运营需求和降低成本,注重人员数量和成本的控制。而人力资源管理的目标则更加多元化,更有战略性,包括提高员工素质和能力、优化人力资源结构、推动企业创新和发展、提高企业绩效等。通过制定和实施科学的人力资源管理策略,企业可以实现更高的绩效水平和可持续发展。

三、酒店人力资源管理

（一）酒店人力资源管理的概念

酒店人力资源管理是指运用科学的方法和手段,对酒店的人力资源进行规划、招聘、培训、晋升、激励和评价等管理活动,以实现酒店的经营和发展目标。

(二)酒店人力资源管理的原理

1. 系统优化原理

酒店人力资源管理需要遵循系统优化原理,通过整体性、功能耦合性、目标一致性、环境适应性和系统层次性的优化,实现酒店人力资源管理的有效性和高效性,为酒店的长期发展提供支持和保障。

(1)整体性优化

酒店人力资源管理需要从整体出发,考虑酒店的运营目标和战略,对各个部门和岗位的职责、任务和工作流程进行整体规划和设计。通过整体性的优化,可以避免管理过程中的重复和浪费,提高管理效率和效益。

(2)功能耦合性优化

酒店人力资源管理中的各个功能模块,如职位设计、招聘、培训、考核、薪酬、激励等,需要相互配合,形成功能耦合的有机整体。通过各功能模块的相互支持和配合,可以产生系统优化效果,提高员工的工作满意度和忠诚度,降低员工流失率。

(3)目标一致性优化

酒店人力资源管理需要确保各个部门和岗位的工作目标与酒店的整体目标一致,使各部门的工作相互协调和配合,实现酒店的战略目标。通过目标一致性的优化,可以提高酒店的运营效率和客户满意度。

(4)环境适应性优化

酒店人力资源管理需要适应外部环境和内部条件的变化,及时调整管理策略和措施,以适应市场的需求和变化。通过环境适应性的优化,可以提高酒店的竞争力和适应性。

(5)系统层次性优化

酒店人力资源管理需要按照不同的层次和级别进行管理和控制,使各个层级的工作相互配合和协调。例如,在职位设计时需要考虑不同层级之间的职责划分和协作关系,培训和发展时要考虑不同层级之间的能力和素质要求。

2.战略目标原理

战略目标原理强调组织的最高决策层根据组织面临的外部环境和内部条件,制定出组织一定时期所要达到的总体目标,并将这些目标分解和落实到各个部门和主管人员,形成一个目标体系。

在人力资源管理方面,战略目标原理同样适用。具体来说,人力资源管理需要从以下几个方面服务于组织战略目标的实现。

(1)制定人力资源战略目标

组织需要制定人力资源战略目标,明确人力资源开发与管理对组织目标实现的战略性作用。人力资源战略目标应该与组织战略目标相一致,并能够为组织目标的实现提供有力的支持。

(2)实施战略性人力资源管理

战略性人力资源管理是指将人力资源管理与组织战略相结合,通过人力资源开发和管理,推动组织战略的实施和实现。在实施战略性人力资源管理时,需要关注人力资源的招聘、培训、考核、薪酬等方面,确保这些方面与组织战略目标相一致。

(3)强化人力资源管理的战略性作用

组织需要强化人力资源管理的战略性作用,通过人力资源开发和管理来推动组织的创新和发展。例如,通过人力资源的培训和发展,提高员工的专业素质和工作能力,为组织的创新和发展提供支持。

(4)建立人力资源管理战略性指标体系

组织需要建立人力资源管理战略性指标体系,通过指标体系的考核和评估,来评估人力资源管理对组织战略目标实现的贡献。这些指标可以包括员工满意度、员工流失率、员工培训和发展等方面的指标。

3.管理动力原理

管理动力原理是管理学中的重要原理之一,指的是管理活动必须具有强大的动力,要求管理者要最优地组合、正确地运用管理动力,使管理活动能够持续、有效地发展下去,并趋向组织整体优化功能和目标优化。

在酒店人力资源管理中,管理动力包括物质动力、精神动力和信息动力。这些动力需要相互协调和配合,以达到最优化的效果。以下是对三种动力的简要说明。

（1）物质动力

物质动力是指通过物质奖励和惩罚来激发员工的工作热情和积极性。在酒店管理中，可以通过绩效奖金、晋升机会、福利待遇等方式来激发员工的物质动力。通过满足员工的基本物质需要和物质享受的追求，可以激发员工的工作热情和积极性，提高工作效率和绩效。

（2）精神动力

精神动力是指通过激发员工的荣誉感、集体主义精神、自我实现愿望等内在动力来激发员工的工作热情和积极性。在酒店管理中，可以通过表扬、批评、鼓励等方式来激发员工的精神动力。通过表达组织的友爱、信任和对其能力、工作业绩的肯定，可以达到激励酒店员工内在的工作动力和热情的目的。

（3）信息动力

信息动力是指通过获取和交流信息来完善和壮大自身，找到自身的不足，发奋图强，奋起直追，朝着预定的期望目标努力。在酒店管理中，可以通过培训、学习、交流等方式来激发员工的信息动力。通过获取和交流外部信息和内部经验，可以促进员工的个人成长和组织的发展壮大，提高员工的综合素质和工作能力。

4. 结构优化原理

管理系统的结构是指管理的基本要素和层次之间的有机联系网络或组合方式，是管理活动得以实现的重要基础和保障。在人力资源管理方面，结构优化原理同样适用。以下是一些关于人力资源管理中结构优化原理的应用和建议。

（1）建立合理的动态年龄结构

组织应该建立合理的年龄结构，既要考虑员工的经验和能力，也要考虑员工的潜力和发展前景。通过年龄结构的合理搭配，可以保证组织的稳定性和活力。

（2）建立切合实际的文化知识结构

组织应该根据业务需求和员工能力，建立切合实际的文化知识结构。通过提高员工的专业知识和技能水平，可以增强组织的竞争力和创新能力。

（3）建立多种类型的智能结构

组织应该建立多种类型的智能结构，包括思维智能、情感智能、行为智能等。通过不同类型的智能结构的搭配,可以促进组织的多样性和包容性。

(4)建立和谐的心理素质结构

组织应该建立和谐的心理素质结构,包括良好的自我认知、积极的情感状态、健康的人际关系等。通过提高员工的心理素质水平,可以增强组织的凝聚力和稳定性。

5. 能级对应原理

能级对应原理是组织管理中重要的一项原理,它根据组织要素的能量大小和做功本领来划分不同的等级,使组织要素能够动态地纳入相应的能级中,形成一个稳定的组织形态。

能级对应原理在酒店人力资源管理中具有重要的应用价值。酒店应该根据员工的能力和特长来安排他们的工作,建立合理的能级结构,提供培训和发展机会,建立激励机制等,使员工能够真正做到人尽其才,提高酒店的竞争力和稳定性。

(1)明确各级管理岗位的目标和任务

酒店各级管理岗位的目标和任务是不同的,因此,对不同级别管理人员的要求也就不同。管理者需要明确各级岗位的目标和任务,并根据这些要求来安排员工的工作。

(2)识别员工的能力和特长

管理者的能力必须同他们各自管理级别相对应。管理者需要正确地识别员工的能力和特长,并根据员工的能力和特长来安排他们的工作。

(3)建立合理的能级结构

酒店应该建立一个合理的能级结构,使员工能够根据其能力和特长来选择适合自己的岗位。这个能级结构应该包括不同的职位等级、不同的工作职责和不同的能力要求。

(4)提供培训和发展机会

为了提高员工的能力和素质,酒店应该提供培训和发展机会,使员工能够不断提高自己的能力和水平,并适应更高层次的岗位。

(5)建立激励机制

为了激励员工积极工作和发展,酒店应该建立激励机制,包括奖励制度、晋升机制等,使员工能够得到应有的激励和认可。

（三）酒店人力资源管理的特点

1. 酒店人力资源管理是对人的管理，人是第一位的

酒店人力资源管理必须树立以人为本的意识，正确认识员工。员工是酒店服务的核心，只有当员工感到满意和受到尊重时，他们才能为客人提供优质的服务。以下是一些与员工相关的观点和建议。

（1）员工是酒店的合作伙伴

员工是酒店的合作伙伴，他们的能力和素质直接关系到酒店的服务质量和经营效益。因此，酒店管理者应该尊重员工，与员工建立良好的合作关系，共同完成酒店的任务和目标。

（2）员工是酒店的形象代表

员工是酒店形象的代表，他们的言谈举止、态度和行为都会影响客人对酒店的印象。因此，酒店管理者应该通过培训和教育，提高员工的服务技能和职业素质，让他们成为具有高尚职业道德和良好服务态度的职业人。

（3）员工是酒店的创造者

员工是酒店的创造者，他们的创新和创造力是酒店发展的重要动力。因此，酒店管理者应该鼓励员工发挥自己的创造力和创新能力，为酒店的创新和发展作出贡献。

（4）员工是酒店的受益者

员工是酒店的受益者，他们的福利待遇和工作环境是酒店管理的重要方面。因此，酒店管理者应该关注员工的福利待遇和工作环境，为员工提供良好的工作环境和福利待遇，让员工感受到酒店的关心和关怀。

2. 酒店人力资源管理是全员性的管理

酒店人力资源管理工作涉及酒店的每一个部门和管理者，需要酒店全体管理人员对下属进行督导与管理。以下是一些关于酒店人力资源管理的观点和建议。

（1）选用、培训、激励员工

酒店管理者应该选用适合岗位需求的员工，并提供必要的培训和激励，提高员工的工作能力和工作积极性。

（2）给员工创造展示才能的机会和条件

酒店管理者应该给员工创造展示才能的机会和条件，让员工有更多的机会展示自己的才华和能力，增强员工的自信心和工作动力。

（3）调动员工的工作积极性

酒店管理者应该通过合理的薪酬制度、晋升机制、奖励制度等手段，调动员工的工作积极性，提高员工的工作效率和工作质量。

（4）建立良好的沟通机制

酒店管理者应该建立良好的沟通机制，加强员工之间的沟通和交流，及时了解员工的需求和反馈，积极解决问题，提高员工的满意度和工作效率。

（5）注重团队合作

酒店是一个团队合作的行业，酒店管理者应该注重培养团队合作精神，鼓励员工之间互相协作、互相支持，共同完成酒店的任务和目标。

3. 酒店人力资源管理是科学化的管理

现代酒店人力资源管理需要注重标准化、程序化、制度化和定量化的管理，建立严密的规章制度，进行定量分析和合理定员，引入EHR系统等措施，实现科学化的管理。只有通过这样的方式，才能提高员工的工作效率和工作质量，推动酒店的长期发展和经营目标。

（1）制定详细、具体、统一的要求

酒店管理者应该对所有工作制定详细、具体、统一的要求，包括数量、质量、时间、态度等方面，确保员工能够按照标准化的要求进行工作，提高工作效率和质量。

（2）建立严密的规章制度

酒店管理者应该建立严密的规章制度，包括招聘、面试、考核、选拔等方面的规定，使录用、培训等工作有章可循，确保人力资源管理工作有制度保障。

（3）进行定量分析和合理定员

酒店管理者应该经常进行测试、统计和定量分析，制定或修改定额，进行合理定员，为酒店考核系统提供科学的数量依据。

（4）引入EHR系统

随着信息技术的日益发达，酒店人力资源管理也进入了信息时代，出现了电子化的人力资源管理信息化的全面解决方案，即EHR系统。

EHR 系统可以有效地整合酒店的人力资源信息，实现信息共享和数据分析，提高人力资源管理工作的效率和质量。

（四）酒店人力资源管理的原则

酒店人力资源管理是酒店管理的重要组成部分，对酒店的运营和发展具有至关重要的作用。以下是酒店人力资源管理的原则。

1. 战略性原则

酒店人力资源管理应该与酒店的战略目标相一致，成为酒店战略管理的重要组成部分。人力资源管理者应该从战略的高度看待人力资源管理问题，制定与酒店战略相协调的人力资源管理策略，为酒店的长期发展提供支持。

2. 匹配性原则

酒店的人力资源管理应该与酒店的业务规模、经营模式、发展方向等相匹配。不同的酒店类型、规模和发展阶段需要不同的人力资源管理策略和措施，以确保人力资源的有效利用和合理配置。例如，对大型豪华酒店和中小型酒店，其人力资源管理策略和措施应该有所区别。

3. 公平性原则

酒店人力资源管理应该遵循公平、公正、公开的原则，确保员工在招聘、培训、晋升、奖励等方面享有公平的机会和待遇。公平性原则的执行可以保证员工之间的竞争是公平的，提高员工的工作积极性和满意度。

4. 激励性原则

酒店人力资源管理应该通过激励措施来调动员工的工作积极性，激发员工的创造力和潜力。激励可以是物质的，也可以是精神的，应该根据员工的需求和特点制定相应的激励措施。例如，对年轻员工可以提供更多的培训和发展机会，对年长的员工可以提供更多的福利待遇。

5. 灵活性原则

酒店人力资源管理应该具有灵活性，能够根据市场和业务的变化做出及时的调整。管理政策和措施应该具有适度的弹性和灵活性,以适应酒店业务的变化和发展。例如,在旅游旺季,酒店可以增加临时工来满足业务需求。

6. 绩效管理原则

酒店人力资源管理应该注重绩效管理,建立科学的绩效考核和评估体系,对员工的工作表现进行客观评价和反馈。通过绩效管理,可以促进员工的工作效率和质量,提高酒店的经营效益。例如,通过制定明确的考核标准和方法,对员工进行定期考核和评估,并根据考核结果进行奖励或惩罚。

7. 员工发展原则

酒店人力资源管理应该关注员工的发展和职业规划,为员工提供必要的培训和发展机会,帮助员工实现个人价值和潜力。通过员工的发展,可以提高员工的工作满意度和忠诚度,增强酒店的竞争力。例如,定期组织员工参加培训课程、技能提升计划等活动,提高员工的专业技能和综合素质。

8. 文化性原则

酒店人力资源管理应该注重文化建设,建立积极向上的企业文化,营造良好的工作氛围和员工关系。通过文化建设,可以增强员工的归属感和凝聚力,提高员工的综合素质和工作满意度。例如,制定明确的规章制度、行为准则等,规范员工的行为,营造良好的工作氛围。

9. 合作性原则

酒店是一个团队合作的行业,酒店人力资源管理应该注重培养团队合作意识和精神,鼓励员工之间互相协作、互相支持,共同完成酒店的任务和目标。例如,制定团队合作培训计划、举办团队建设活动等,提高员工的团队合作能力。

10. 多样性原则

酒店是一个服务性行业,面对的客户群体是多样化的。因此,酒店人力资源管理应该尊重员工的多样性,包括文化背景、性别、年龄、经验等方面的差异。通过尊重员工的多样性,可以更好地满足客人的需求,提高酒店的服务质量和经营效益。例如,制定多样化的招聘政策、培训计划等,促进员工的多元化发展。

11. 安全性原则

酒店是一个高风险行业,安全问题至关重要。因此,酒店人力资源管理应该注重员工的安全培训和管理,确保员工在工作过程中具备必要的安全意识和技能,预防安全事故的发生。例如,制定完善的安全管理制度、培训计划等,提高员工的安全意识和防范能力。

第二节 人力资源的开发和利用

酒店人力资源开发与利用工作是酒店人力资源管理的重要组成部分,主要包括进行酒店员工的招聘、培训、绩效考评、薪酬管理等。

一、酒店员工的招聘

(一)酒店员工招聘的要点

员工招聘是酒店人力资源管理的重要组成部分,以下是一些关于酒店员工招聘的要点。

第一,招聘的目的是满足酒店业务发展和运营的需要,要确保招聘的员工能够胜任酒店的工作,并能够为酒店创造价值和效益。

第二,招聘的过程应该科学、规范,包括招募、选拔、聘用和评估等环节。要制定明确的招聘计划和标准,进行简历筛选、面试和考核等步骤,确保招聘的员工能够满足酒店的用人需求。

第三,在招聘过程中,要注重酒店的形象和品牌价值。良好的酒店形象和声誉能够吸引更多优秀的人才,提高酒店的社会认可度和知名度,降低酒店的人力资源投入成本。

第四,在招聘过程中,要从内部和外部两个方面考虑。内部招聘可以通过员工推荐、内部竞聘等方式进行,外部招聘可以通过招聘网站、人才市场、校园招聘等方式进行。同时,也可以考虑采用猎头公司、人才中介等方式寻找高素质的人才。

第五,招聘过程中要注重人才的评估和选择。除了考虑员工的专业技能和经验,还要注重其个人素质、职业道德、团队合作能力等方面的考察。选择合适的人才能够降低员工的流失率,提高员工的工作满意度和忠诚度。

第六,招聘过程中要注重人力资源规划和管理。要根据酒店的业务发展和经营战略,制定科学的人力资源规划和管理计划,合理配置人力资源,提高员工的工作效率和质量。

第七,招聘过程中要注重人才的培养和发展。要为员工提供必要的培训和发展机会,帮助员工实现个人价值和潜力,提高员工的工作满意度和忠诚度,促进酒店的长期发展和经营目标。

(二)酒店员工招聘的流程

酒店员工招聘的流程是一个包括多个步骤的完整过程,以确保招聘到适合酒店工作的优秀员工。以下是一个详细的酒店员工招聘流程。

1. 岗位分析和任职要求制定

酒店需要明确所需招聘的岗位和人数,以及该岗位的职责、要求和期望。这包括工作内容的详细描述、技能和经验的要求、工作职责和任务的分析等。通过岗位分析和任职条件的制定,酒店可以明确招聘的目标,确保招聘到的人员符合酒店的用人需求。

2. 招聘渠道和方式的确定

酒店需要根据岗位的要求和目标候选人的特点,选择合适的招聘渠道和方式。常见的招聘渠道包括招聘网站、人才市场、社交媒体、招聘会、校园招聘等。酒店可以根据岗位的级别、所需技能和经验、目标候选人的特点等因素,选择适合的招聘渠道和方式。

3. 简历筛选和初步面试

收到求职者的简历后,酒店需要对简历进行筛选,筛选出符合岗位要求的候选人。筛选完成后,酒店可以进行初步面试,了解候选人的基本情况、技能和经验等。初步面试可以通过电话、视频会议或面谈等方式进行,以便进一步确定是否邀请候选人参加后续的面试环节。

4. 技能和素质评估

经过初步面试后,酒店需要进一步对候选人进行技能和素质的评估。这可以通过笔试、模拟工作场景、面试等多种方式进行。在评估过程中,酒店需要关注候选人的专业技能、沟通能力、团队合作能力、应变能力等方面,以确定候选人是否具备胜任该岗位的能力和素质。

5. 薪酬和福利谈判

经过技能和素质评估后,酒店需要与候选人进行薪酬和福利的谈判。这包括工资水平、福利待遇、工作地点、工作时间等方面的讨论。在薪酬和福利谈判过程中,酒店需要与候选人保持沟通,了解候选人的期望和需求,以达成双方都能接受的协议。

6. 聘用合同签订

在确定候选人符合岗位要求并达成薪酬和福利协议后,酒店需要与候选人签订聘用合同。聘用合同应包括工作内容、工资待遇、工作时间、工作地点等方面的内容,确保双方的权利和义务得到明确规定。

7. 入职培训和适应期支持

在候选人正式入职后,酒店需要进行必要的入职培训,帮助候选人适应工作环境和工作内容。入职培训可以包括介绍酒店的文化和价值观、培训工作职责和流程、提供必要的工作指导和支持等。在适应期内,酒店应该给予候选人适当的支持和帮助,以确保其能够快速融入团队并发挥工作效率。

8. 招聘结果评估和总结

在完成招聘过程后,酒店需要对整个招聘过程进行评估和总结。这包括对招聘效果的评价、招聘过程中遇到的问题和解决方案的总结等。通过评估和总结，酒店可以了解招聘过程中的优点和不足之处，为下一次的招聘提供经验和改进方向。

（三）酒店员工招聘的原则

酒店员工招聘应该坚持以下原则。

1. 公开招聘

酒店应该通过公开渠道向社会发布招聘信息，确保招聘过程的公开透明。这有助于提高酒店的社会形象和吸引更多的人才申请。

2. 全面考评

酒店应该对申请人员进行全面的考评，包括专业技能、综合素质、工作经验、沟通能力、团队合作等方面。通过全面的考评，可以全面了解申请人员的能力和特点，为酒店的招聘提供更准确的依据。

3. 择优录取

在众多申请人员中，酒店应该根据考评结果和岗位要求，选择优秀的人员进行录取。择优录取的原则可以确保酒店招聘到高素质的员工，提高员工的工作满意度和酒店的业务水平。

4. 效率优先

在招聘过程中，酒店应该注重效率，尽快完成招聘流程，以满足酒店业务发展和用人需求。同时，在招聘过程中，酒店应该合理安排时间和资源，避免浪费和冗余。

5. 宁缺毋滥

在招聘过程中，酒店应该坚持宁缺毋滥的原则，确保招聘到的人员符合岗位的要求和酒店的价值观。即使需要等待一段时间，也应该避免招聘到不合适的人员，以确保酒店员工队伍的质量和稳定性。

6.严格把好质量关

人力资源部主管应该对招聘过程进行严格的把关和控制,确保招聘到的人员符合岗位的要求和酒店的发展战略。在招聘过程中,人力资源部主管应该注重评估和筛选,确保申请人员的素质和能力符合酒店的期望和需求。

(四)酒店员工招聘的方法

酒店常用的招聘员工方法包括笔试、面试和测试等。这些考核方式可以根据不同的招收对象和岗位需求进行不同的组合和安排。

1.笔试

笔试是一种常见的招聘方法,通过书面考试的形式,考察应聘者的专业知识和综合素质。笔试可以针对不同的岗位和级别,设计不同难度和内容的试卷,如基础知识的测试、专业技能的测试、案例分析的测试等。通过笔试,酒店可以对应聘者的阅读理解能力、专业知识掌握程度、分析解决问题的能力等方面进行全面的评估。

2.面试

面试是酒店招聘中最为常见的一种方法,通过面对面的交流和沟通,考察应聘者的综合素质、语言表达能力、沟通协调能力等。面试可以根据岗位需求和应聘者的特点,设计不同的面试形式,如结构化面试、半结构化面试、非结构化面试等。通过面试,酒店可以对应聘者的形象气质、沟通能力、应变能力、团队合作能力等方面进行全面的评估。

3.测试

测试是一种针对特定技能或能力的招聘方法,通过模拟实际工作环境或任务,考察应聘者的技能水平、工作能力等。测试可以根据岗位需求和应聘者的特点,设计不同的测试形式,如操作技能测试、模拟情景测试、工作能力测试等。通过测试,酒店可以对应聘者的实际操作能力、工作能力和适应能力等方面进行全面的评估。

在选择不同的考核方式时,酒店应根据岗位需求和应聘者的特点进行综合考虑。根据不同的考核方式,可以制订相应的招聘计划和流程,确保招聘到符合岗位要求的优秀员工。同时,在招聘过程中,酒店应该注重公平公正,避免歧视和不公平现象的发生,提高招聘过程的透明度和公正性。

二、酒店员工的培训

酒店员工培训应该根据不同的岗位需求和员工特点,制订具体的培训计划和方案。培训应该具有针对性和实效性,注重理论与实践的结合,使员工能够更好地掌握知识和技能,提高工作效率和质量。同时,酒店应该建立完善的培训评估和反馈机制,及时了解员工的培训需求和效果,不断优化和改进培训方案,增强培训效果和质量。

(一)酒店员工培训的流程

酒店员工培训的流程一般包括以下步骤。

1. 培训需求分析

在培训开始之前,酒店需要对员工的培训需求进行全面的分析。这包括确定培训的目标、培训的内容、培训的对象、培训的时间和地点等因素。通过对员工的培训需求进行分析,可以更好地制订培训计划和方案,确保培训的效果和质量。

2. 制订培训计划

根据培训需求分析的结果,酒店需要制订具体的培训计划和方案。培训计划应该包括培训的目标、内容、时间、地点、师资、评估方式等方面的信息。在制定培训计划时,需要考虑到员工的实际情况和需求,确保培训计划的针对性和实效性。

3. 培训实施

在制定好培训计划后,酒店需要按照计划进行培训的实施。在培训过程中,需要注重理论与实践的结合,通过讲授、演示、实践操作等方式,使员工能够更好地掌握知识和技能。同时,在培训过程中,需要注重对员工的沟通和协调能力的培养,提高员工的团队合作能力和解决问题的能力。

4. 培训效果评估

在培训结束后,酒店需要对培训效果进行全面的评估。这包括对员工的学习成果、工作表现、行为改变等方面进行评估和跟踪。通过培训效果评估,可以了解员工的培训效果和进展情况,及时发现和解决问题,同时也可以为后续的培训计划和方案的优化提供参考。

5. 培训反馈和改进

在培训效果评估后,酒店需要对员工的反馈和建议进行收集和分析,了解员工对培训的满意度和改进方向。根据员工的反馈和建议,酒店可以及时调整和改进培训计划和方案,增强培训效果和质量。

(二)酒店员工培训的内容

酒店员工培训的内容包括以下几个方面。

1. 酒店概况培训

包括酒店的名称、地理位置、档次定位、设施设备、管理模式、经营理念、服务宗旨、企业文化等方面的知识。

2. 岗位职责培训

包括了解自己的工作职责、任务和要求,了解酒店的工作流程和规章制度,以及了解所在岗位的操作规范和标准。

3. 服务技能培训

包括服务态度、服务语言、服务技能、服务效率等方面的培训,以提高员工的服务水平和质量。

4. 消防安全培训

包括消防知识、安全知识、应急处理等方面的培训,以提高员工的消防安全意识和应对突发事件的能力。

5. 团队协作培训

包括加强员工之间的沟通和协作，培养团队合作意识和团队精神，以提高整个团队的工作效率和服务质量。

6. 个性化服务培训

包括针对不同顾客的需求和偏好，提供个性化的服务，如了解顾客的喜好和需求，提供针对性的服务方案，提高顾客的满意度和忠诚度。

7. 自我管理培训

包括提高员工的自我认知和自我管理能力，如提高自我认知能力、情绪管理能力、沟通能力和时间管理能力等，以帮助员工更好地适应工作环境和个人发展需要。

以上是酒店员工培训的主要内容，通过这些培训，可以帮助员工更好地适应工作环境、提高工作技能和服务质量，为酒店的长期发展提供有力的支持和保障。

(三) 酒店员工培训的方法

以下是酒店员工培训的几种常见方法。

1. 讲授法

通过讲解、演讲的方式，向员工传授理论知识、概念和技能等内容。这种方法可以通过口头表达、PPT 演示、视频播放等方式进行。

2. 演示法

通过示范、演示的方式，向员工展示实际操作的过程和技巧。这种方法可以通过实物演示、操作演示和角色扮演等方式进行，可以结合 PPT、视频等工具进行演示。

3. 案例分析法

通过分析实际案例的方式，向员工介绍解决问题的方法和技巧。这种方法可以通过案例分享、案例讨论、案例分析等方式进行，可以帮助员工更好地了解工作中可能遇到的问题，并学会如何应对和解决。

4. 角色扮演法

通过让员工扮演不同的角色，模拟实际工作的场景和情境，以帮助员工更好地理解和掌握工作技能。

5. 互动讨论法

通过让员工参与讨论，分享经验和观点，以促进员工之间的交流和合作。

6. 培训游戏法

通过设计有趣的培训游戏，激发员工的兴趣和积极性，同时帮助员工掌握工作技能和知识。

7. 实习法

让员工在实践中学习和掌握工作技能和知识，通过安排员工在不同的岗位上进行实习，帮助员工更好地了解酒店工作的实际情况和要求，提高实际操作能力和应对能力。

8. 课堂培训法

通过组织员工参加课堂培训课程，学习专业知识和技能，包括课程讲解、讨论、答疑等环节。这种方法可以通过酒店内部或外部的培训课程来实现。

9. 网络培训法

利用互联网技术，为员工提供在线培训课程和资源，包括在线视频、在线测试、在线答疑等。这种方法可以通过在线学习平台或内部网络培训来实现。

10. 导师制培训法

通过安排资深员工或管理者作为导师，指导新员工或初级员工进行工作和实践，帮助员工快速适应工作环境和工作要求。这种方法可以帮助员工更好地了解企业文化和工作流程,提高实际操作能力和应对能力。

11. 内部培训法

酒店自行组织培训课程和培训师,根据酒店工作的实际需要和员工的需要,进行针对性的培训。这种方法可以更好地满足酒店的工作需求和员工的个人需求,提高培训的针对性和有效性。

12. 外部培训法

通过邀请外部专业机构或专家,为员工提供专业的培训课程和培训方案,包括管理培训、技能培训、领导力培训等。这种方法可以使得员工接触到更多的专业知识和技能,提高个人素质和工作能力。

13. 视频会议法

通过视频会议的方式,将不同地区、不同酒店的员工联结在一起,共同参与培训。这种方法可以节省培训成本,同时也可以提高培训的效率和效果。

14. 经验分享法

组织员工分享自己的经验和技巧,促进员工之间的交流和学习。这种方法可以通过经验分享会、交流会议等方式进行。

综合使用以上这些培训方法,可以帮助酒店员工更好地掌握工作技能和知识,提高服务质量和效率。同时,针对不同的培训内容和工作需要,也可以选择不同的培训方法进行组合和搭配,以达到最佳的培训效果。

三、酒店员工的绩效考评

(一)酒店员工绩效考评的内容

通过绩效考评,酒店可以了解员工的工作情况和潜力,为员工的职业发展和酒店的业务发展提供有效的指导。同时,绩效考评也是激励员工积极工作、提高服务质量的重要手段之一。酒店绩效考评的内容主要分为以下四个方面。

1. 德

德是指员工的精神境界、道德品质和思想追求的综合体现。在酒店行业中,员工需要具备良好的职业操守和道德品质,如诚实守信、尊重他人、积极主动、责任心强等。通过对员工在德方面的表现进行评估,可以判断员工是否符合酒店的文化和价值观,是否具备从事服务业的基本素质。

2. 能

能是指员工的能力素质,包括操作能力、思维能力、组织能力等。在酒店行业中,员工需要具备一定的技能和知识,如语言能力、沟通能力、解决问题的能力、团队协作能力等。通过对员工在能方面的表现进行评估,可以判断员工是否具备胜任工作的能力和素质。

3. 勤

勤是指员工的工作态度,如工作热情、主动性、出勤率等。在酒店行业中,员工需要具备高度的责任心和敬业精神,能够保持积极的工作态度和良好的出勤率。通过对员工在勤方面的表现进行评估,可以判断员工是否符合酒店的服务标准和经营要求。

4. 绩

绩是指员工的工作业绩,包括工作的数量、质量、经济效益等。在酒店行业中,员工需要按时完成工作任务、保证服务质量、创造经济效益等。通过对员工在绩方面的表现进行评估,可以判断员工的工作表现是否达到酒店的预期要求。

(二)酒店员工绩效考评的原则

酒店员工绩效考评的原则主要包括以下几个方面。

1. 公开透明原则

绩效考评的标准、流程和结果应当公开透明,让员工了解自己的绩效评价和提升空间,增加员工对考评结果的认可度和信任度。

2. 客观公正原则

绩效考评应当以客观事实和数据为依据,避免主观臆断和人为干预,确保评价结果公正客观。

3. 全面综合原则

绩效考评应当从多个角度、多个方面对员工进行综合评价,包括工作业绩、工作态度、职业素养等方面,避免单一指标评价的片面性。

4. 沟通反馈原则

绩效考评不仅是评价员工的工作表现,更是提供沟通和反馈的机会。在考评过程中,应当与员工进行充分的沟通和反馈,帮助员工了解自己的不足和提升方向。

5. 激励与惩罚相结合原则

绩效考评应当与激励和惩罚机制相结合,对于表现优秀的员工给予适当的奖励和晋升机会,对于表现不佳的员工进行相应的惩罚和辅导。

6. 实际操作可行原则

绩效考评应当考虑实际操作的可行性和效率,评价标准应当明确具体、可衡量、可达成,避免过于复杂或难以操作的考评方案。

通过遵循以上原则,酒店可以确保员工绩效考评的有效性、公正性和科学性,从而促进员工个人发展和酒店业务的发展。同时,通过绩效考评结果的应用,可以实现酒店人力资源管理的优化和提升。

(三)酒店员工绩效考评的方法

酒店员工绩效考评的方法主要包括以下几种。

1. 目标管理法（MBO）

目标管理法是一种以目标为导向的绩效评价方法，通过设定具体可衡量的目标，制定明确的完成时间和责任人，并对目标的实现情况进行评估。

2. 关键绩效指标法（KPI）

关键绩效指标法是一种以关键绩效指标为核心的绩效评价方法，通过对员工工作绩效的评价，确定其对公司业绩的贡献程度。

3. 360度反馈法（360° Feedback）

360度反馈法是一种多角度、全方位的绩效评价方法，通过上级、同事、下级、客户等多个渠道对员工的工作表现进行评价。

4. 自我评价法（Self-Assessment）

自我评价法是一种由员工本人对自己的工作表现进行评价的绩效评价方法，通过员工的自我反思和总结，促进员工的个人成长和发展。

以上方法在具体应用时可以根据酒店的实际需求和员工的岗位特点进行选择和组合，以达到科学、公正、客观的绩效评价效果。同时，根据员工的绩效评价结果，可以采取相应的激励措施和培训计划，提高员工的工作积极性和职业素质，为酒店的业务发展提供有力支持。

四、酒店员工的薪酬管理

在制定酒店员工的薪酬体系时，需要考虑以下几个方面。

（一）薪酬的公平性

薪酬的公平性是指员工对薪酬分配的合理性和公正性的感知和评价。在制定薪酬体系时，应当考虑员工的工作内容、工作质量、工作表现等因素，确保薪酬分配的公正性和合理性，避免不公平现象的发生。

（二）薪酬的竞争性

薪酬的竞争性是指酒店员工的薪酬水平与市场上同行业、同岗位的薪酬水平的比较。在制定薪酬体系时，应当参考市场上的薪酬水平和趋势，制定具有竞争力的薪酬体系，吸引和留住优秀的人才。

（三）薪酬的结构性

薪酬的结构性是指薪酬的组成部分和比例关系。在制定薪酬体系时，应当根据酒店的实际情况和员工的需要，设计合理的薪酬结构，包括基本工资、绩效工资、津贴、福利等，以满足员工的不同需求，并激励员工的积极性。

（四）薪酬的管理和监督

薪酬的管理和监督是指对薪酬体系的执行和监督。在制定薪酬体系后，应当建立健全的管理和监督机制，确保薪酬的支付和调整符合规定和程序，避免出现薪酬分配的不规范和不公正现象。

总之，酒店员工的薪酬体系应当遵循公平、竞争、结构合理、管理和监督有效的原则，通过科学合理的薪酬安排和调整，激发员工的工作热情和积极性，提高员工的工作效率和工作质量，促进酒店业务的发展。同时，酒店也应当关注员工的需求和利益，不断完善薪酬体系，提高员工的满意度和忠诚度，实现酒店和员工的共同发展。

第三节 人力资源的激励

酒店员工激励是指酒店管理者通过各种内外部措施和方法，激发和鼓励员工的积极性和创造力，提高员工的工作效率和工作质量，实现酒店经营目标和满足个人需要的过程。

一、酒店员工激励的意义

酒店员工激励的意义可以从以下几个方面来论述。

(一)提高员工的工作积极性和主动性

激励可以激发员工的内在动力和外在动力,提高员工的工作积极性和主动性,使员工更加投入和努力地工作。通过激励,员工可以更加主动地寻求工作挑战和机会,提高工作效率和质量,为酒店创造更大的价值。

(二)增强员工的归属感和忠诚度

激励可以增强员工的归属感和忠诚度,使员工感受到酒店的关心和支持,从而更加认同酒店的文化和价值观,提高员工的工作满意度和稳定性。通过激励,员工会更加愿意为酒店的发展贡献自己的力量,实现个人和酒店的共同发展。

(三)促进员工的个人发展和职业成长

激励可以促进员工的个人发展和职业成长,为员工提供更多的培训和发展机会,提高员工的工作技能和能力素质。通过激励,员工可以更好地实现个人职业规划和发展目标,提高个人价值和竞争力。

(四)提高酒店的服务质量和客户满意度

酒店员工是酒店服务的核心力量,员工的积极性和主动性直接影响到酒店的服务质量和客户满意度。通过激励,员工可以更加关注客户需求和感受,提供更加优质的服务和体验,提高客户满意度和忠诚度,为酒店赢得更多的客户和市场。

(五)增强酒店的竞争力和经营效益

酒店员工激励可以提高员工的工作效率和工作质量,增强酒店的竞争力和经营效益。通过激励,酒店可以更好地实现经营目标和经济效益,提高酒店的竞争力和市场地位。

二、酒店员工激励的方法

酒店员工激励的方法有很多种,以下是一些常见的激励方法。

(一)薪酬激励

薪酬激励是最常见的激励方法之一,通过给予员工合理的薪酬和福利,激发员工的工作积极性和工作热情。在制定薪酬体系时,应当考虑员工的工作内容、工作质量、工作表现等因素,以及市场上的薪酬水平和趋势,确保薪酬分配的公正性和合理性。

(二)晋升激励

晋升激励是通过给予员工晋升机会和晋升空间,激发员工的工作积极性和工作热情。在晋升过程中,应当考虑员工的工作能力、工作表现、职业素质等因素,给予员工公正的评价和晋升机会。

(三)培训激励

培训激励是通过为员工提供培训机会和职业发展机会,激发员工的工作积极性和工作热情。在培训过程中,应当注重培训内容和培训效果,提高员工的工作能力和工作素质。

(四)情感激励

情感激励是通过关注员工的情感需求和心理健康,增强员工的归属感和忠诚度。在情感激励中,应当注重与员工的沟通和交流,关心员工的生活和工作情况,给予员工必要的支持和帮助。

（五）环境激励

环境激励是通过营造良好的工作环境和工作氛围，提高员工的工作舒适度和工作效率。在环境激励中，应当注重工作场所的设计和布置，保持良好的工作环境和秩序，提高员工的工作满意度和工作效率。

（六）目标激励

目标激励是通过设定具体、可衡量的目标，激发员工的积极性和创造性。在目标激励中，应当注重目标的明确性、可行性和挑战性，鼓励员工努力实现目标。

（七）竞争激励

竞争激励是通过引入竞争机制，激发员工的竞争意识和紧迫感，提高员工的工作效率和质量。在竞争激励中，应当注重公平性和透明性，避免不正当竞争和消极影响。

（八）授权激励

授权激励是通过授权员工参与决策和管理，激发员工的责任感和参与感，提高员工的工作积极性和主动性。在授权激励中，应当注重授权的合理性和明确性，避免过度授权和无效授权。

（九）团队激励

团队激励是通过建立良好的团队氛围和文化，激发员工的合作精神和团队意识。在团队激励中，应当注重团队建设、团队沟通和团队活动等方面的建设，促进员工的团队合作和共同成长。

以上是一些常见的酒店员工激励方法，在实际应用中可以根据员工的需要和酒店的特点选择合适的方法进行组合和搭配。同时，酒店管理者也应当注重对员工的关怀和支持，关注员工的工作和生活情况，提供必要的帮助和支持，使员工感受到酒店的温暖和关心。这样可以更好地激发员工的积极性和创造力，实现个人与酒店的共同发展。

第八章

酒店安全管理

　　服务视角下的酒店安全管理是酒店成功运营的重要保障。通过科学的安全管理,可以保障客人的安全和利益,增强酒店的信任度和品牌形象,为酒店的长期发展提供坚实的安全基础。随着现代酒店业的快速发展,酒店安全事故的频发也引起了社会的高度关注。本章即对酒店安全管理的相关知识进行简要阐述。

第一节　酒店安全管理概述

一、酒店安全管理的概念

酒店安全管理是指酒店为保障客人的人身安全、财产安全以及酒店财产安全而进行的一系列计划、组织、指挥、协调和控制的活动。其目的是确保酒店内所有人员和财产的安全，包括客人、员工以及酒店本身的财产。

二、酒店安全管理的特点

酒店安全管理是一项复杂而重要的工作，需要酒店管理层和员工的共同努力，以确保客人和员工的人身安全以及酒店财产的安全。概括来说，酒店安全管理具有以下特点（图 8-1）。

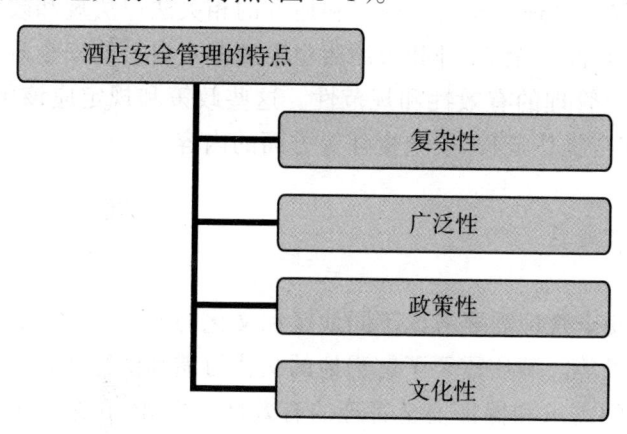

图 8-1　酒店安全管理的特点

酒店安全管理的特点：
- 复杂性
- 广泛性
- 政策性
- 文化性

（一）复杂性

酒店是一个复杂的系统，其安全管理涉及多个方面，包括人员、物资、设施、环境等。酒店需要综合考虑各种因素,制定相应的安全管理制度和措施。例如,在人员方面,酒店需要考虑到员工的安全意识和自我保护能力,同时也要考虑到客人的安全需求和行为习惯。在物资方面,酒店需要考虑到物资的安全存放和运输,以及客人的安全使用等问题。在设施方面,酒店需要考虑到设施的安全性和可靠性,如电梯、空调等设备的正常运行和维护。在环境方面,酒店需要考虑到环境的安全性和稳定性,如火灾、地震等自然灾害的风险评估和应对措施。

(二)广泛性

酒店安全管理涉及的范围广泛,包括前台、客房、餐厅、厨房、仓库等区域。酒店需要确保所有员工都清楚了解安全操作流程和责任,并且能够按照规定进行操作。例如,前台应该确保客人的信息安全和财务安全,客房应该确保客人的生命安全和财产安全,餐厅应该确保食品安全和卫生等问题。

(三)政策性

酒店安全管理需要遵守国家和地方的相关法律法规和政策规定,如消防安全、食品安全等。同时,酒店也需要制定自己的安全政策和规定,以确保安全管理的有效性和规范性。这些政策和规定应该包括安全管理制度、安全操作流程、安全责任等方面的内容。

(四)文化性

酒店安全管理需要考虑不同地区和文化的差异,如客人的安全需求和文化背景等。酒店需要了解当地的文化习惯和法律法规,以便更好地满足客人的需求和保证安全管理的有效性。例如,在某些地区,客人可能对食品卫生和饮用水质量有更高的要求;在某些文化背景下,客人可能对隐私保护和信息安全有更高的关注度。

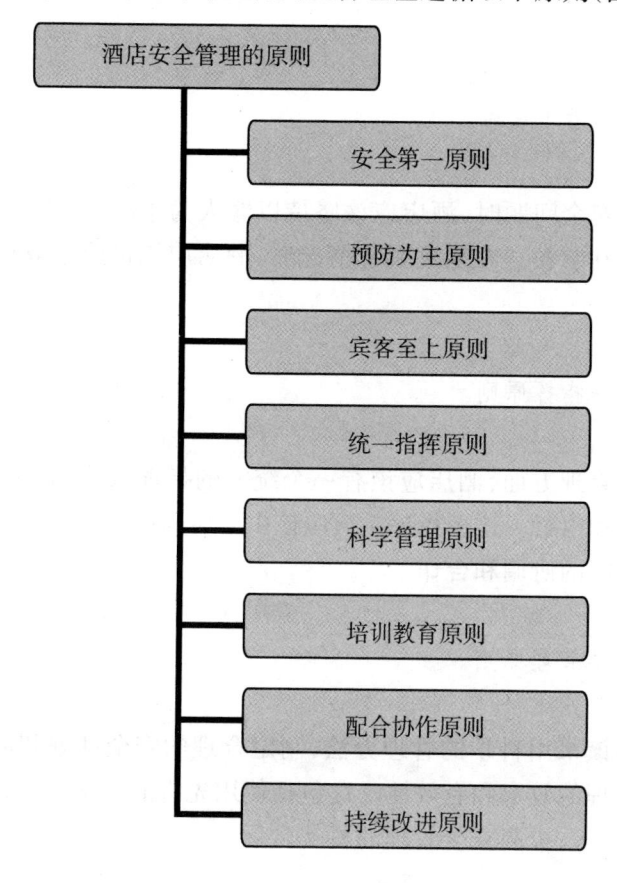

三、酒店安全管理的原则

酒店安全管理的原则是确保酒店在客人入住期间提供安全环境的重要指导方针。概括来说,酒店安全管理应遵循以下原则(图 8-2)。

```
酒店安全管理的原则
├── 安全第一原则
├── 预防为主原则
├── 宾客至上原则
├── 统一指挥原则
├── 科学管理原则
├── 培训教育原则
├── 配合协作原则
└── 持续改进原则
```

图 8-2　酒店安全管理的原则

(一)安全第一原则

在任何情况下,都要以客人的安全为首要考虑因素。酒店应该将安全措施放在首位,建立完善的安全管理制度,确保客人在酒店期间的人身和财产安全。

（二）预防为主原则

酒店应该注重预防，建立预防机制，及时发现并消除潜在的安全隐患。这包括定期检查消防设施、安全设备、门窗锁等，确保它们的完好和有效性。

（三）宾客至上原则

在处理安全问题时，酒店应该坚持以客人为中心，将客人的生命和财产安全放在首位。在遇到紧急情况时，酒店应该迅速采取行动，确保客人的安全。

（四）统一指挥原则

在安全管理方面，酒店应该有一个统一的指挥系统，确保各项安全措施的落实和执行。这个指挥系统应该由酒店高层管理人员负责，确保各个部门之间的协调和合作。

（五）科学管理原则

酒店应该采用科学的管理方法，制定合理的安全计划和应急预案，提高安全管理的效率和有效性。这包括使用先进的技术手段，如视频监控、智能门锁等，提高安全管理的科技含量。

（六）培训教育原则

酒店应该加强对员工的安全培训和教育，提高员工的安全意识和技能水平，确保他们能够正确处理各种突发事件。员工应该接受相关的安全培训，如消防培训、急救培训等，以便在紧急情况下能够迅速反应和采取行动。

（七）配合协作原则

在安全管理方面，酒店各部门之间应该密切配合，形成合力，确保各项安全措施的顺利实施。这包括前台、客房、餐厅等部门之间的协调与合作，确保在发生突发事件时能够迅速响应和协调处理。

（八）持续改进原则

酒店的安全管理应该是一个持续的过程，需要不断改进和完善各项安全措施，以适应不断变化的安全形势。酒店应该定期评估安全管理的效果，并根据实际情况进行相应的调整和改进，以确保始终保持高度的安全管理水平。

四、酒店安全管理的主要内容

酒店安全管理的主要内容包括保障客人的安全、保障员工的安全和保障酒店的安全（图8-3）。通过采取一系列的措施和管理制度，酒店可以确保客人在酒店期间的安全，同时也可以保护员工的权益和自身安全。

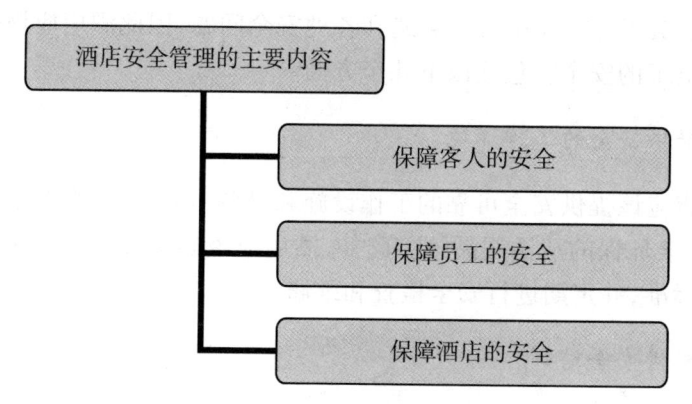

图8-3 酒店安全管理的主要内容

（一）保障客人的安全

酒店作为提供住宿服务的场所，首先要确保客人在酒店期间的安全。包括以下几个方面。

1. 提供安全的住宿环境

酒店应该提供符合安全标准的住宿设施和设备,如安全门锁、可靠的火灾报警系统、完善的消防设施等。此外,酒店应该定期检查这些设施和设备的运行情况,确保其有效性。

2. 提供安全服务

酒店应该提供安全可靠的服务,如 24 小时前台接待、安全监控系统、安保巡逻等。这些服务可以确保客人在酒店期间的安全,并提供及时的帮助和应急措施。

3. 预防犯罪活动

酒店应该采取措施预防犯罪活动,如设置监控摄像头、加强门禁管理、定期进行安全巡查等。这些措施可以减少犯罪活动发生的可能性,保护客人的财产和人身安全。

(二)保障员工的安全

酒店员工在工作中可能会遇到各种安全问题,因此酒店应该采取措施保障员工的安全。包括以下几个方面。

1. 提供安全的工作环境

酒店应该提供安全可靠的工作设施和设备,如符合安全标准的厨房设备、安全环保的清洁用品等。此外,酒店应该确保员工的工作场所符合安全标准,并定期进行安全检查和维修。

2. 提供安全培训

酒店应该为员工提供必要的安全培训,如消防培训、急救培训、防范暴力事件培训等。这些培训可以帮助员工了解如何应对紧急情况,提高他们的安全意识和应对能力。

3. 保护员工的人身安全

酒店应该采取措施保护员工的人身安全,如加强安保巡逻、设置安全警示标志、提供员工紧急呼叫系统等。这些措施可以帮助员工避免遭受暴力事件和其他安全威胁。

(三)保障酒店的安全

除了保障客人和员工的安全外,酒店还需要保障自身的安全。这包括以下几个方面。

1. 确保酒店的财产安全

酒店应该采取措施保护酒店的财产安全,如安装防盗门窗、设置监控摄像头、定期进行安全巡查等。这些措施可以减少盗窃和其他犯罪行为的发生,保护酒店的财产安全。

2. 管理酒店的消防安全

酒店应该严格遵守消防法规,确保酒店的消防设施和设备的完好及有效性。此外,酒店应该定期进行消防演练,提高员工和客人的消防意识及应对能力。

3. 应对紧急事件

酒店应该制定应急预案,包括火灾、地震、恐怖袭击等紧急事件的处理方案。在发生紧急事件时,酒店应该迅速采取行动,确保客人和员工的安全。

五、酒店安全管理的意义

酒店安全管理的意义(图8-4)。

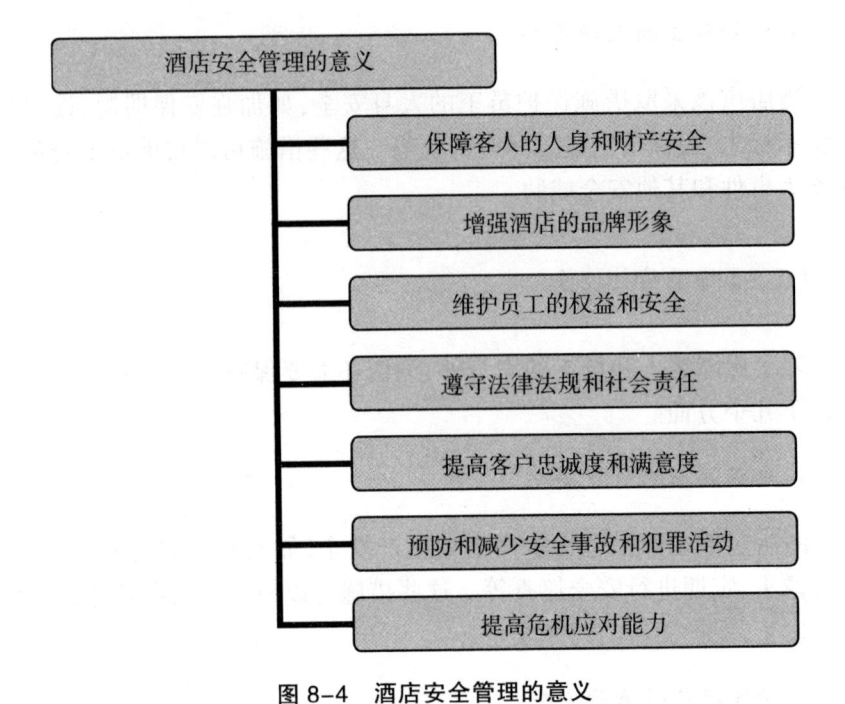

```
                    ┌─ 保障客人的人身和财产安全
                    ├─ 增强酒店的品牌形象
                    ├─ 维护员工的权益和安全
酒店安全管理的意义 ──┼─ 遵守法律法规和社会责任
                    ├─ 提高客户忠诚度和满意度
                    ├─ 预防和减少安全事故和犯罪活动
                    └─ 提高危机应对能力
```

图 8-4　酒店安全管理的意义

（一）保障客人的人身和财产安全

酒店作为提供住宿和餐饮等服务的场所，客人入住酒店时，对人身和财产安全有很高的要求。酒店通过加强安全管理，可以采取措施保障客人的人身和财产安全，避免客人在酒店期间遭受犯罪活动的侵害，提高客人的满意度和品牌忠诚度。

（二）增强酒店的品牌形象

酒店的品牌形象对经营和发展至关重要。如果酒店安全管理不到位，发生安全事故或存在安全隐患，会严重影响酒店的品牌形象，导致客人的投诉和不满。因此，加强酒店安全管理可以提升酒店的品牌形象，增强客人的信任和品牌忠诚度。

（三）维护员工的权益和安全

酒店员工是酒店经营的重要力量，他们的安全和健康对酒店的正常运营至关重要。通过加强酒店安全管理，可以确保员工的工作场所安全可靠，避免员工遭受意外伤害或犯罪活动的威胁，提高员工的工作积极性和满意度。

（四）遵守法律法规和社会责任

酒店作为经营主体，需要遵守相关的法律法规和社会责任。加强酒店安全管理是履行法律法规和社会责任的重要体现，可以确保酒店在安全方面符合国家和地方的法规要求，保护客人的权益和安全。

（五）提高客户忠诚度和满意度

顾客忠诚度和满意度是酒店经营的重要指标之一。如果酒店能够提供安全、可靠、舒适的环境，使客人在酒店期间的安全得到保障，他们会对酒店更加信任和满意，从而提高顾客忠诚度和满意度。

（六）预防和减少安全事故和犯罪活动

加强酒店安全管理可以预防和减少安全事故和犯罪活动。酒店通过建立完善的安全管理制度、加强员工培训、提高监控力度等措施，可以降低安全风险，及时发现和处理潜在的安全隐患，确保客人和员工的安全。

（七）提高危机应对能力

酒店应该建立完善的安全管理制度和应急预案，提高危机应对能力。在发生紧急事件时，酒店应该能够迅速采取行动，保障客人和员工的安全，减少损失和影响。

第二节　酒店安全管理要点分析

一、酒店的消防管理

酒店的消防管理是酒店安全管理中非常重要的一部分。以下是一些关于酒店消防管理的具体建议。

(一)建立消防管理制度

酒店应该建立一套完整的消防管理制度,包括消防设备的检查和维护、消防设施的使用和管理、火灾应急预案等。这些制度应该明确每个人的责任和义务,确保在发生火灾时能够迅速采取行动。

消防管理制度应该包括定期检查和维护消防设施和设备的计划,确保这些设施和设备始终处于良好的工作状态。

设立消防安全责任人,负责监督和管理消防安全工作,并定期对消防管理制度进行审查和更新。

(二)定期进行消防培训

酒店应该定期进行消防培训,提高员工和客人的消防意识和技能。培训内容包括火灾的预防和应对措施、消防设施和设备的使用方法、火灾应急预案的演练等。

培训对象应该包括所有员工,特别是那些与消防安全相关的员工,如保安、前台工作人员等。

培训应该定期进行,如每年至少一次。同时,根据实际情况和需要进行补充培训,如在引入新的消防设施或设备后。

(三)定期检查消防设施和设备

酒店应该定期检查消防设施和设备,确保它们完好无损并能够正常工作。例如,检查灭火器是否有效、火灾探测器是否灵敏、消防栓能否正常供水等。

定期检查应该由专业的消防机构或专业人员进行,以确保准确和全面。

对于检查中发现的问题,及时进行修复和更换,确保消防设施和设备始终能够满足要求。

(四)确保逃生通道畅通

酒店应该确保逃生通道畅通无阻,方便客人和员工在火灾发生时迅速撤离。逃生通道应该标识明显,易于识别,同时保持畅通无阻,没有杂物堆积或阻塞。

定期检查逃生通道的标识和照明是否清晰可见,确保在紧急情况下能够快速指引人员到达安全区域。

避免在逃生通道中放置障碍物或杂物,确保逃生通道的宽度和高度符合要求,以便人员快速撤离。

(五)安装火灾报警系统

酒店应该安装可靠的火灾报警系统,及时发现火灾并发出警报。火灾报警系统应该定期进行检查和维护,确保其正常运行。

火灾报警系统应该包括烟雾探测器、火警按钮等设备,以便在火灾发生时及时触发警报并通知相关人员。

对火灾报警系统进行定期的检查和维护,确保其灵敏度和可靠性,避免误报或漏报的情况发生。

(六)建立应急预案

酒店应该建立火灾应急预案,包括逃生路线、救援措施、通信联络等方面的安排。预案应该根据酒店的实际情况制定,明确每个人的职责和行动计划。

应急预案应该包括在火灾发生时如何引导人员疏散、如何使用消防设施和设备进行灭火、如何与其他救援力量进行协调等方面的内容。

对应急预案进行定期的演练和评估,以验证其有效性和可靠性,并根据实际情况进行必要的调整和更新。

(七)定期进行演练

酒店应该定期进行火灾演练,模拟火灾发生时的情景,测试应急预案的有效性。演练可以帮助酒店员工熟悉应急预案,提高应对火灾的能力和反应速度。

演练应该包括模拟火灾的发生、触发火灾报警系统、引导人员疏散、使用消防设施和设备进行灭火等方面的内容。

对演练过程中发现的问题进行总结和分析,对应急预案进行修改和完善,以提高应对火灾的能力和反应速度。

(八)建立完善的监控系统

酒店应该建立完善的监控系统,包括视频监控、烟雾报警等。通过实时监控可以及时发现火灾并采取相应的措施。

在公共区域和高风险区域安装监控摄像头,以便对火势进行实时监控和早期发现。

在监控中心设置专职人员负责监控系统的工作,及时发现异常情况并采取相应的行动。

(九)限制易燃易爆物品的使用

酒店应该限制易燃易爆物品的使用,如酒精、油漆等。这样可以减少火灾的风险,提高酒店的消防安全水平。

对于必须使用易燃易爆物品的场所,如厨房等,应该加强消防安全管理和监控,确保使用规范和安全措施得到有效落实。

(十)鼓励客人参与消防安全活动

酒店应该鼓励客人参与消防安全活动,如参加消防培训、了解消防设施和设备的使用方法等。这样可以提高客人的消防安全意识和技能,增强酒店在消防安全管理方面的整体水平。

提供相关的消防安全宣传资料和培训材料,方便客人了解和学习消防安全知识和技能。

在酒店内设置明显的消防安全提示和宣传标识,提醒客人注意消防安全。

(十一)建立专业的消防团队

酒店应该建立一支专业的消防团队,由经过专业培训的消防员组成。这些消防员应该具备较高的消防技能和经验,能够有效地应对火灾等紧急情况。

消防团队应该定期进行培训和演练,提高其应对火灾的能力和反应速度。

在火灾发生时,消防团队应该迅速采取行动,引导人员疏散、灭火、救援等,确保人员和财产的安全。

(十二)引入先进的消防设施和设备

酒店应该引入先进的消防设施和设备,如智能灭火器、自动喷淋系统、消防机器人等。这些设施和设备可以提高灭火效果和救援效率,减少火灾造成的损失和影响。

在引入新的消防设施和设备时,应该确保其与现有设施和设备相互兼容,并能够有效地应对不同场景的火灾情况。

(十三)加强消防安全宣传和教育

酒店应该加强消防安全宣传和教育,提高客人和员工的消防安全意识和技能水平。通过宣传和教育,可以增强客人的自我保护能力,提高酒店的消防安全水平。

在酒店内定期进行消防安全宣传活动,如举办消防知识讲座、分发消防宣传资料等。

通过各种渠道向客人和员工传递消防安全信息,如酒店内刊、官方网站、社交媒体等。

(十四)实施严格的火源管理和控制

酒店应该实施严格的火源管理和控制措施,减少火灾发生的可能性。例如,禁止在酒店内吸烟、限制使用蜡烛和火炉等易燃物品等。

对于需要使用火源的场所,如厨房、餐厅等,应该加强火源管理和控制,确保使用规范和安全措施得到有效落实。

(十五)持续监控和维护消防设施和设备

酒店应该持续监控和维护消防设施及设备,确保它们始终处于良好的工作状态。对于出现故障或损坏的设施和设备,应该及时进行修复或更换,确保其能够正常工作。

建立规范的消防设施和设备维护制度,定期进行保养和检查,确保其可以正常使用。

对于过时的消防设施和设备进行及时更新和升级,以提高其性能和安全性。

二、酒店的治安管理

酒店的治安管理需要建立完善的制度和体系,包括加强入口管理、建立巡逻制度、设立监控中心、增强安保力量、建立应急预案等措施。同时,酒店管理者应该对治安管理予以重视,提高自身的意识和技能水平,确保酒店在任何时候都能够应对和处理突发事件,保障客人的人身和财产安全。

(一)加强入口管理

酒店应该加强入口管理,设立严格的进出制度。确保只有经过授权的人员和车辆可以进入酒店区域。

安装监控摄像头,对入口进行实时监控,记录进出的人员和车辆信息。

对来访者进行登记和核实身份,确保没有可疑人员进入酒店区域。

(二)建立巡逻制度

酒店应该建立定期的巡逻制度,安排保安进行定时巡逻,确保酒店区域内没有可疑活动或安全隐患。

巡逻人员应该配备必要的装备和工具,如对讲机、手电筒、安全棍等,以便应对突发事件。

对巡逻人员进行培训,提高其观察和应对能力,能够及时发现和解决问题。

(三)设立监控中心

酒店应该设立监控中心,安装监控设备和显示屏,对酒店各区域进行实时监控。监控中心应该有人员值守,对监控画面进行观察和记录。

在监控中心配备报警系统,当异常情况发生时能及时报警并通知相关人员。

对监控中心进行定期检查和维护,确保其设备和技术能够正常运作。

(四)增强安保力量

酒店应该增强安保力量,增加保安员的数量和密度,提高安保工作的效果。

对保安员进行专业培训,提高其安保技能和应对能力。

引入先进的安保设施和设备,如人脸识别系统、智能监控设备等,提高酒店的安保水平。

(五)建立应急预案

酒店应该建立应急预案,明确在发生突发事件时的应对措施和职责分工。预案应该包括针对不同类型事件的应对措施,如盗窃、火灾、恐怖袭击等。

对应急预案进行定期的演练和评估,以验证其有效性和可靠性,并根据实际情况进行必要的调整和更新。

在应急预案中明确与相关部门的协作和沟通方式,如与当地警方、消防部门等联系和协调。

(六)加强客人安全教育

酒店应该加强客人安全教育,向客人提供安全知识和建议,提高客人的安全意识和自我保护能力。

在客人入住时进行安全提示和宣传,提醒客人注意个人财物安全、防范诈骗等事项。

在酒店内设置明显的安全提示和宣传标识,提醒客人注意安全并积极参与安全活动。

三、酒店安全监控中心的设置与管理

酒店安全监控中心的设置与管理对酒店的安保工作至关重要。以下是一些关于酒店安全监控中心设置与管理的建议。

(一)选址与布局

第一,安全监控中心应该选择一个相对安静、独立、安全的区域,以避免干扰和外界噪声。

第二,监控中心的位置应该能够覆盖整个酒店区域,包括公共区域、客房、停车场等。

第三,监控中心内应该合理布局,将不同区域的监控设备分类摆放,方便管理和操作。

(二)设备选择与配置

第一,安全监控中心应该配备先进的监控设备和系统,如高清摄像头、录像设备、报警系统等。

第二,设备的选择应该根据酒店的实际情况和需求进行,考虑到成本、性能、易用性等方面。

第三,设备应该按照要求进行配置和设置,确保能够满足监控需求和安全要求。

(三)人员配备与培训

第一,安全监控中心应该配备专业的安保人员,负责监控、值守、应急响应等工作。

第二,对安保人员进行专业培训,提高其监控技能和应对能力。培训内容包括设备操作、图像识别、报警处理等方面。

第三,确保安保人员遵守安全监控中心的规章制度,严格保密工作,保护监控信息的安全。

(四)值班制度与轮班安排

第一,安全监控中心应该建立严格的值班制度,确保全天候有人值守和监控。

第二,采用轮班制或加班制度,确保安保人员得到足够的休息和加班费。

第三,值班期间,安保人员应该密切关注监控画面,对异常情况及时响应和处理。

(五)记录与报告

第一,安全监控中心应该对监控数据进行规范记录和保存,以备查证和处理。

第二,建立报告制度,对监控过程中发现的可疑情况、异常事件及时报告给相关部门和领导。

第三,对重要事件进行记录和分析,总结经验教训,为安全管理提供依据。

(六)定期检查和维护

第一,安全监控中心应该定期对设备进行检查和维护,确保其正常运行。检查内容包括摄像头、录像设备、报警系统等。

第二,对监控中心的环境进行定期清洁和整理,保持整洁有序的工作环境。

第三,对设备进行定期升级和更新,以提高性能和适应新技术的发展。

(七)保密和安全

第一,安全监控中心应该建立严格的保密制度,确保监控信息和数据的安全。对监控数据进行加密处理,防止信息泄露和非法访问。

第二,对安全监控中心的访问进行控制和管理,限制无关人员进入。

第三,对监控设备和系统进行安全性评估和测试,确保其符合安全标准和要求。

(八)与外部机构合作

第一,酒店安全监控中心应该与当地警方、消防部门等外部机构建立联系和合作机制。在发生突发事件时,能够及时联系相关机构,获取帮助和支持。

第二,与其他酒店的安全监控中心建立信息共享和协作机制,共同应对安全问题。

(九)持续改进和创新

第一,安全监控中心应该持续关注行业动态和技术发展,引入新的技术和设备来提高监控效果和安全性。例如,引入人工智能技术来增强图像识别和报警处理能力。

第二,定期收集员工和客人的意见和建议,针对问题和需求进行改进和创新。

第三,制定长期发展规划,不断完善安全监控中心的设施和设备,提高安全监控水平。

总之,酒店安全监控中心的设置与管理需要严格遵守相关法律法规和标准要求,同时结合酒店的实际情况进行合理布局和配置。通过加强人员培训、值班管理、记录报告等措施,提高安全监控中心的工作质量和效率,确保酒店的安全与稳定。

第三节　酒店危机管理

一、酒店危机管理的概念

酒店危机管理是指酒店通过对危机的监测、防范、决策和处理,达到避免和减少危机产生的危害,甚至将"危"转化为"机"的管理过程。

二、酒店危机预警管理

酒店危机预警管理是指通过对潜在的危机进行监测、预警和应对,最大限度地减少危机对酒店的影响和损害。以下是酒店危机预警管理的详细论述。

(一)建立危机预警机制

第一,酒店应建立一套完整的危机预警机制,包括危机识别、评估、预警信号设定等方面。

第二,危机预警机制应具备快速反应和及时调整的能力,能够迅速发现和应对潜在的危机。

第三,酒店应定期检查和更新危机预警机制,确保其适应不断变化的内部和外部环境。

（二）培训员工

第一，酒店应通过培训，提高员工的危机意识和应对能力。

第二，培训内容包括危机识别、危机处理、沟通技巧、团队协作等方面。

第三，酒店应制定危机应对计划，包括明确每个人的职责和行动方案，以便在危机发生时能够迅速响应。

（三）强化沟通与协作

第一，酒店应建立有效的沟通与协作机制，确保内部员工之间以及与外部利益相关者之间的信息传递和协调配合。

第二，在危机预警管理过程中，加强内部沟通和外部宣传，确保信息的准确传递和公众的知情权。

第三，酒店应与政府部门、行业组织和其他酒店建立合作关系，共同应对危机。

（四）资源准备与调配

第一，酒店应准备充足的资源，包括人员、物资、设备等，以应对可能发生的危机。

第二，对资源进行合理调配和协调，确保在危机发生时能够及时调动和利用资源。

第三，酒店应制定资源调配计划，明确资源的来源、分配和使用方案。

（五）建立信息共享平台

第一，酒店应建立信息共享平台，与其他酒店、行业组织、政府部门等共享危机预警信息和经验教训。

第二，通过信息共享平台，获取外部信息和建议，提高酒店的危机预警能力。

第三,酒店应与其他企业、组织建立合作关系,共同建立和维护信息共享平台。

(六)持续监测与改进

第一,酒店应持续监测危机预警管理的效果,评估危机应对措施的有效性,提出改进意见。

第二,定期进行危机预警管理的审计和评估,发现并纠正潜在的问题和不足之处。

第三,通过总结经验和教训,不断改进和完善酒店的危机预警管理体系,提高酒店的应对能力和竞争力。

通过以上措施,酒店可以建立起健全的危机预警管理体系,提高应对危机的效率和效果,保护客人的安全和酒店的声誉。在面对可能发生的危机时,酒店可以迅速响应、有效应对,减少损失并尽快恢复正常运营。

三、酒店危机应急管理

酒店危机应急管理是指酒店在面临危机时采取的一系列管理和应对措施。这些措施的目标是尽快化解危机,恢复酒店形象和声誉,同时确保顾客的安全和满意度。

(一)酒店危机应急管理程序

酒店危机应急管理的程序可以分为以下几个步骤。

1. 危机预防阶段

在危机预防阶段,酒店应该建立完善的危机预防机制和应急预案,以便及时发现和评估可能发生的危机事件,并确定应对措施。具体措施包括以下几方面。

(1)建立危机管理组织

酒店应该成立一个专门的危机管理组织,负责制定和执行危机应对计划,组织培训和演练,以及协调各方面的利益关系。

（2）制定应急预案

酒店应该根据可能发生的危机事件，制定相应的应急预案，包括危机应对流程、职责分工、资源调配等。

（3）培训和演练

酒店应该定期组织员工进行危机应对培训和演练，提高员工的危机意识和应对能力。

（4）建立信息沟通渠道

酒店应该建立与顾客、媒体和公众之间的信息沟通渠道，及时发布信息，解答疑问，并协调各方面的利益关系。

2. 危机反应阶段

在危机反应阶段，酒店应该采取及时、有效的措施来应对危机事件。具体措施包括以下几方面。

（1）快速响应

当危机发生时，酒店应该立即采取行动，做出妥善处理。这可能包括向顾客提供帮助、向媒体和公众发布信息、组织内部会议等。

（2）确认危机情况并采取措施

酒店需要确认危机事件的具体情况，并根据不同类型的危机事件采取相应的措施。例如，对火灾事件，需要立即启动应急预案，组织人员疏散，并向消防部门报警；对食品卫生事件，需要立即停止问题食品的供应，并向卫生监管部门报告。

（3）组织应急处置工作

酒店需要组织应急处置工作，包括制定应急预案、组织应急演练、调配应急物资和设备等。这个过程中，需要确保员工和顾客的安全，并积极协调各方面的利益关系。

3. 危机恢复阶段

在危机恢复阶段，酒店应该采取措施来恢复形象和声誉。具体措施包括以下几方面。

（1）进行事件记录和报告

酒店需要记录和报告危机事件的发生和处理过程，包括事件的起因、影响范围、处理措施、后果等。有助于酒店总结经验教训，并改进应急管理措施。

（2）善后处理

在危机结束后,酒店应该做好善后工作,如赔偿、道歉、修复形象等,以尽快恢复酒店形象和声誉。

（3）开展公关活动

酒店可以通过媒体、社交网络等渠道开展公关活动,向公众传达正面的信息,展示酒店的诚意和努力。

综上所述,酒店危机应急管理是一个复杂而关键的过程,需要酒店管理团队采取有效的措施,以维护酒店形象和声誉,确保顾客的安全和满意度。

（二）酒店危机善后管理工作

酒店危机善后管理工作是指酒店在危机事件发生后,采取一系列措施来恢复形象、化解矛盾、协调公共关系,以及做好善后工作等。以下是酒店危机善后管理工作的具体内容。

1. 评估危机影响

酒店需要对危机事件进行评估,包括危机的影响范围、程度、后果等。这有助于酒店制定有针对性的善后措施,以及改进应急管理措施。

2. 采取恢复措施

根据危机评估结果,酒店应该采取相应的恢复措施,包括修复形象、恢复声誉、解决矛盾等。具体措施包括以下几方面。

（1）修复形象

通过媒体、社交网络等渠道发布正面信息,向公众传达酒店的诚意和努力,以修复形象。

（2）恢复声誉

通过加强酒店管理、提高服务质量、改进产品等方式,提高顾客满意度,逐步恢复声誉。

（3）解决矛盾

与受影响的顾客进行沟通,了解他们的需求和意见,积极解决问题,并采取相应的补偿措施。

3. 组织善后工作

在危机事件发生后,酒店应该组织善后工作,包括清理现场、修复设施、恢复正常运营等。同时,酒店应该对受影响的顾客进行补偿,如提供免费住宿、赔偿损失等。

4. 总结经验教训

在危机善后工作完成后,酒店应该对整个危机事件进行总结,分析危机发生的原因、应急预案的不足之处、员工应对能力的不足之处等,并提出改进措施。

5. 建立危机管理档案

酒店应该建立危机管理档案,记录危机事件的发生和处理过程,以及采取的善后措施。这有助于酒店总结经验教训,并改进应急管理措施。

第九章
酒店公共关系管理

　　服务视角下的酒店公共关系管理是指酒店通过有效的公共关系政策和措施，与公众建立良好的关系，树立良好的形象，并实现酒店的公共关系目标。在当今竞争激烈的旅游市场中，酒店公共关系管理的作用愈发凸显。酒店公共关系是一种有效的策略，通过与内外部公众的沟通和互动，可以提升酒店的品牌形象、促进业务发展。本章将深入探讨酒店公共关系管理的相关知识。

第一节　酒店公共关系概况

一、酒店公共关系的概念

酒店公共关系是一个酒店为了在公众中树立良好的形象,通过传播活动进行的一项持续不断的策略行动。这些传播活动包括对内和对外两个方面,即对内的员工、股东和家属,以及对外的消费者、政府、社区和媒体等。酒店公共关系的主要目的是通过与公众的沟通和互动,提高酒店的知名度、美誉度和忠诚度,从而加速酒店的业务发展、提高市场竞争力。

二、酒店公共关系的特点

酒店公共关系作为酒店业务发展中的重要一环,具有以下特点(图9-1)。

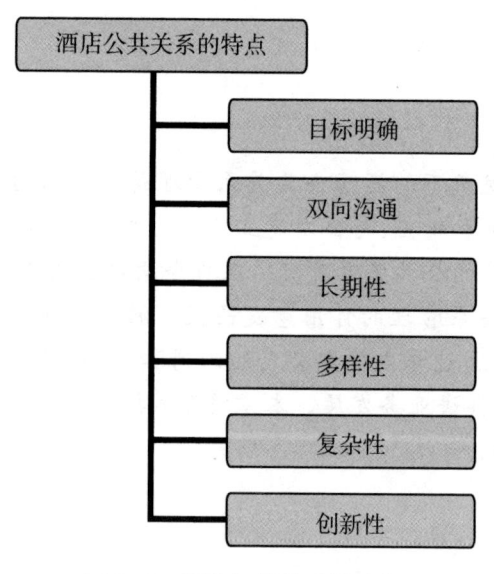

```
酒店公共关系的特点
├── 目标明确
├── 双向沟通
├── 长期性
├── 多样性
├── 复杂性
└── 创新性
```

图 9-1　酒店公共关系的特点

（一）目标明确

酒店公共关系的目标非常明确，通常是为了在公众中树立良好的形象，提高酒店的知名度和美誉度，增加客户忠诚度，从而实现酒店的业务发展和市场竞争力提升。

（二）双向沟通

酒店公共关系强调与公众的双向沟通，通过各种手段和渠道了解公众的需求和反馈，并将相关信息反馈给内部管理层和员工，从而不断改进服务和产品。这种双向沟通不仅可以使酒店更好地了解公众的需求和反馈，也可以使公众更好地了解酒店的服务和产品，从而提升公众对酒店的信任和忠诚度。

（三）长期性

酒店公共关系是一个长期的过程，需要持续不断地进行传播活动，不断更新形象和信息，建立公众信任和忠诚度。这个过程需要持续不断地投入精力和资源，通过不断的公关活动来建立和维护公众形象和信任。

（四）多样性

酒店公共关系的对象非常多样化，包括内部员工、外部消费者、政府、社区和媒体等，需要针对不同的对象采用不同的公关手段和策略。这种多样性要求酒店在公共关系管理中有针对性和策略性，针对不同的对象采用不同的传播手段和沟通策略。

（五）复杂性

由于酒店公共关系的对象非常多样化，涉及不同的人群和利益相关者，因此公共关系的管理需要考虑到各种因素和复杂性。例如，在处理危机事件时，需要考虑公众的反应、媒体报道、政府监管等多个因素，才能制定出有效的公关策略。

（六）创新性

随着市场竞争的加剧和公众需求的变化，酒店公共关系需要不断创新才能保持竞争力。这包括公关手段的创新、公关内容的创新、公关策略的创新等。只有不断创新，才能吸引更多的公众关注和认可。

三、酒店公共关系的功能

酒店公共关系在酒店业务中发挥着多种重要作用，主要包括以下几方面（图9-2）。

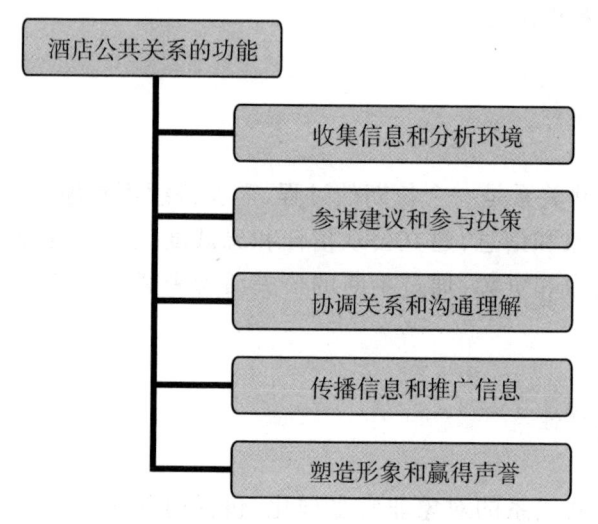

```
酒店公共关系的功能
├── 收集信息和分析环境
├── 参谋建议和参与决策
├── 协调关系和沟通理解
├── 传播信息和推广信息
└── 塑造形象和赢得声誉
```

图 9-2　酒店公共关系的功能

（一）收集信息和分析环境

公共关系部门负责收集和分析酒店内外的信息，以帮助酒店更好地理解其运营环境和市场需求。这些信息可以包括顾客反馈、员工意见、竞争对手的策略、法规变化等，为酒店的决策提供了重要的参考。

(二)参谋建议和参与决策

公共关系部门通过对收集的信息进行分析,为酒店的决策提供参谋和建议。他们可以提供关于市场趋势、顾客需求、竞争对手策略等方面的洞察,帮助酒店制定更明智的决策。

(三)协调关系和沟通理解

公共关系部门负责协调内外部沟通,包括与员工、顾客、合作伙伴、政府机构等的关系。他们通过有效的沟通,确保各利益相关方对酒店的了解和理解,以建立良好的关系和信任。

(四)传播信息和推广信息

公共关系部门通过各种渠道和手段,如新闻稿、媒体关系、社交媒体、线上线下活动等,传播酒店的品牌形象、服务和活动信息,提高酒店的知名度和影响力。

(五)塑造形象和赢得声誉

公共关系部门通过上述职能,帮助酒店建立积极的形象和声誉,提高酒店在目标市场中的知名度和美誉度。

这些功能不仅有助于提高酒店的营销实效和服务水平,也能够在社会交往和协调救急善后等方面发挥重要作用。总的来说,酒店公共关系在酒店的成功运营中扮演着关键的角色,对于提高酒店的竞争力和市场地位具有重要意义。

四、酒店公共关系的构成

酒店公共关系的构成要素主要包括主体、客体和传播媒介。

（一）主体

酒店公共关系的主体是指酒店本身，包括酒店的管理者、员工和股东等。酒店是公共关系的发起者和推动者，其形象、声誉和品牌价值直接影响着公共关系的效果。

（二）客体

酒店公共关系的客体是指与酒店相关的各种利益相关方，包括但不限于以下几类。

1. 顾客

顾客是酒店最重要的利益相关方之一，因为他们是酒店的主要收入来源。酒店需要通过公共关系活动，如顾客满意度调查、顾客互动活动等，来建立和维护与顾客之间的关系。

2. 合作伙伴

酒店与各种合作伙伴，如供应商、分销商、广告代理商等，也需要建立良好的公共关系。这种关系不仅有助于双方实现共同利益，还可以增强彼此之间的信任和合作。

3. 媒体

媒体是酒店与公众之间的桥梁，包括传统媒体如电视、报纸、杂志等，以及网络媒体如社交媒体、博客、新闻网站等。酒店需要通过与媒体的沟通和合作，来传递自己的信息和形象。

4. 政府机构

酒店需要与政府机构保持良好的公共关系，如旅游部门、卫生部门、消防部门等。这种关系可以帮助酒店获得相关许可证和认证，同时也可以遵守相关法规和规定。

这些利益相关方对酒店的评价、信任度和忠诚度是酒店公共关系的重要指标。酒店需要通过有效的公共关系策略和活动，来建立和维护这些关键指标，从而获得更好的业务发展和声誉。

（三）传播媒介

传播媒介是维护酒店公共关系的重要工具和手段。传播媒介包括传统媒体（如电视、广播、报纸等）和社交媒体（如微博、微信、抖音等），以及口碑传播、活动营销等多种形式。在公共关系中，酒店需要选择和运用合适的传播媒介，将信息有效地传递给目标受众，并产生积极的影响。同时，酒店还需要关注和回应媒体和公众的反馈和评价，不断调整和优化传播策略，以实现公共关系的最佳效果。

五、酒店公共关系的传播

酒店公共关系传播是指酒店通过各种传播媒介和手段，将酒店的信息、形象和品牌价值等传递给公众和利益相关方，以建立良好的公共关系和声誉，提高酒店的知名度和市场影响力的过程。在酒店公共关系传播中，传播媒介是关键的因素。

（一）酒店公共关系传播的主要内容

酒店公共关系传播的主要内容包括以下几个方面。

1. 酒店品牌价值

酒店通过传播媒介向公众和利益相关方传递自己的品牌价值，包括服务品质、设施设备、环境氛围等。通过传递积极的品牌价值，酒店可以建立良好的形象和声誉，提高品牌的知名度和美誉度。

2. 服务信息

酒店通过传播媒介向公众和利益相关方传递自己的服务信息，包括客房、餐饮、会议等服务内容，以及价格、优惠等信息。通过传递清晰的服务信息，酒店可以吸引更多的客户和业务机会，提高市场竞争力。

3. 活动营销

酒店通过传播媒介向公众和利益相关方传递自己的活动营销信息，包括促销活动、节日活动、新品发布会等。通过传递有趣、有吸引力的活动信息，酒店可以吸引更多的客户和关注度，提高品牌影响力和市场占有率。

4. 危机公关

酒店通过传播媒介向公众和利益相关方传递自己的危机应对和处理信息，包括对危机事件的解释、承诺和行动等。通过传递及时、透明、负责的危机处理信息，酒店可以保护自身的声誉和形象，减少危机对酒店的影响。

(二) 酒店公共关系传播的策略与方法

在酒店公共关系传播中，酒店需要关注以下几个方面的策略和方法。

1. 确定目标受众

酒店需要根据自身的业务特点和市场定位，明确目标受众的特点和需求，以便选择合适的传播媒介和内容。

2. 制定传播策略

酒店需要根据目标受众的特点和需求，制定合适的传播策略，包括选择哪种传播媒介、传递什么类型的信息等。

3. 优化传播内容

酒店需要优化传播内容，确保信息具有吸引力、创意性和易于传播的特点，以提高传播效果。

4. 建立社交媒体平台

酒店可以通过建立自己的社交媒体平台，如微博、微信等，与公众和利益相关方进行更直接的沟通和交流。

5. 强化口碑传播

酒店可以通过强化口碑传播，鼓励满意的顾客和合作伙伴通过口碑推荐来传递酒店的品牌形象和服务质量。

6. 评估传播效果

酒店需要定期评估传播效果,包括公众对信息的接收度、对品牌的认知度和对酒店的信任度等指标,以不断优化公共关系传播的策略和效果。

总之,酒店公共关系传播是酒店成功运营的关键要素之一。通过有效的公共关系传播,酒店可以建立积极的形象和声誉,提高品牌的知名度和美誉度,吸引更多的客户和业务机会,增强市场竞争力。同时,公共关系传播也可以帮助酒店更好地了解公众和利益相关方的需求和反馈,为酒店的决策提供重要的参考。

第二节 公共关系专题活动研究

酒店公共关系专题活动是指酒店为了某一明确目的,围绕某一特定主题而精心策划的公共关系活动。这些活动通常是为了增强酒店与公众之间的沟通,塑造酒店良好形象,提高酒店知名度和美誉度而设计的。

一、酒店公共关系专题活动的特点

酒店公共关系专题活动具有以下特点(图9-3)。

(一)目的性

酒店公共关系专题活动通常具有明确的目的,如提高酒店知名度、塑造形象、吸引顾客等。活动的设计和策划都是为了实现这些目的,以使酒店在市场竞争中获得更好的优势和地位。

```
酒店公共关系专题活动的特点
├── 目的性
├── 主题性
├── 传播性
├── 互动性
├── 创新性
└── 持续性
```

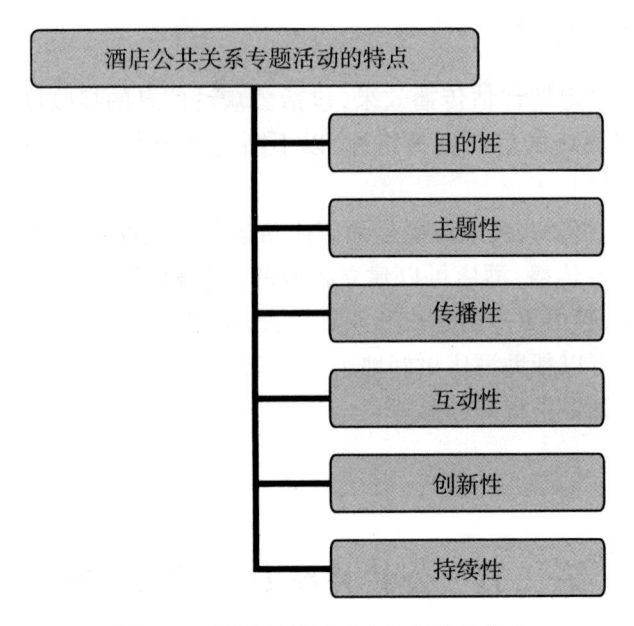

图 9-3　酒店公共关系专题活动的特点

（二）主题性

酒店公共关系专题活动通常有一个明确的主题，如文化节庆、新品发布、慈善公益等。活动的内容和形式都围绕着主题展开，以吸引目标受众的关注和参与。

（三）传播性

酒店公共关系专题活动需要充分利用各种传播媒介和渠道，如传统媒体、社交媒体等，将活动的信息传递给公众和利益相关方，以提高活动的知名度和影响力。

（四）互动性

酒店公共关系专题活动需要设计互动环节，让参与者与酒店进行互动和交流，以增强活动的趣味性和参与度。例如，现场抽奖、互动游戏、问答环节等，都可以吸引参与者的关注和热情。

（五）创新性

酒店公共关系专题活动需要具有创新性，设计新颖、有创意的活动内容和形式，以吸引目标受众的关注。创新可以体现在活动的主题、形式、宣传等方面，从而打造出与众不同的活动体验。

（六）持续性

酒店公共关系专题活动需要具有持续性，通过定期举办类似的活动，建立起品牌的稳定形象和声誉，以获得受众的关注和信任。活动的持续性可以加强酒店与公众之间的联系，提高品牌的影响力和竞争力。

二、酒店公共关系专题活动的形式

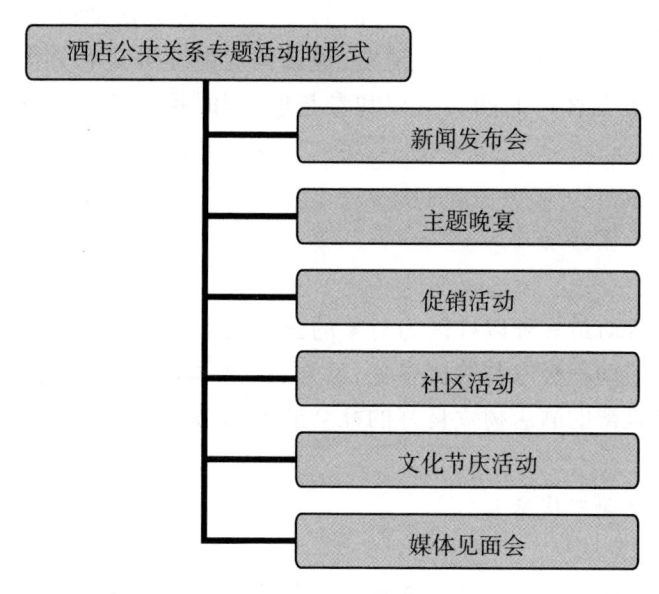

酒店公共关系专题活动的形式有很多种，以下是一些常见的形式（图9-4）。

```
酒店公共关系专题活动的形式
├── 新闻发布会
├── 主题晚宴
├── 促销活动
├── 社区活动
├── 文化节庆活动
└── 媒体见面会
```

图9-4 酒店公共关系专题活动的形式

（一）新闻发布会

新闻发布会是一种常见的公共关系专题活动形式，酒店通过组织新闻发布会向媒体和公众发布重要信息，如酒店新品发布、重大合作、业绩突破等。这种形式可以帮助酒店传递重要信息，展示酒店的实力和品牌形象，同时加强与媒体之间的合作关系。

（二）主题晚宴

主题晚宴是一种以餐饮为主题的公共关系专题活动形式，酒店通过组织主题晚宴向客户或潜在客户展示酒店的服务品质和特色菜品。这种形式可以增强酒店与客户之间的情感联系，提高客户的忠诚度和满意度。

（三）促销活动

促销活动是一种以销售为目的的公共关系专题活动形式，酒店通过组织促销活动吸引客户前来消费，提高酒店的业务量和知名度。这种形式可以激发客户的购买欲望和参与度，同时提高酒店的知名度和业务量。

（四）社区活动

社区活动是一种以社区为对象的公共关系专题活动形式，酒店通过组织社区活动积极参与社区事务，增强酒店与社区之间的良好关系。这种形式可以帮助酒店树立良好的社会形象，提高品牌价值和竞争力。

（五）文化节庆活动

文化节庆活动是一种以文化为主题的公共关系专题活动形式，酒店通过组织文化节庆活动向客户或潜在客户展示酒店的文化底蕴和品牌形象。这种形式可以增强酒店与客户之间的情感联系，提高客户的忠诚度和满意度。

（六）媒体见面会

媒体见面会是一种以媒体为对象的公共关系专题活动形式，酒店通过组织媒体见面会与媒体进行沟通和交流，加强与媒体之间的合作关系。这种形式可以帮助酒店传递重要信息，展示酒店的实力和品牌形象。

以上是一些常见的酒店公共关系专题活动形式，这些形式可以根据不同的目的和主题进行灵活组合和设计，以满足酒店的不同需求。在选择公共关系专题活动的形式时，酒店需要考虑受众的特点、宣传效果、预算等因素，确保活动的目的和效果得以实现。

三、策划和举办酒店公共关系专题活动的注意事项

策划和举办酒店公共关系专题活动需要注意以下事项。

（一）明确活动目的

酒店需要明确活动的目的，如提高知名度、塑造形象、吸引顾客等，以确保活动的针对性和有效性。同时，还需要制定具体的目标和指标，如参与人数、媒体报道量、口碑传播等，以衡量活动的效果和贡献。

（二）精心策划

酒店需要精心策划活动的各个环节，包括主题设计、活动流程、场地布置、邀请嘉宾等，以确保活动的成功和顺利。同时，还需要考虑活动的创意性和趣味性，以吸引目标受众的关注和参与。

（三）合理预算

酒店需要制定合理的预算，包括场地租赁、物料准备、人员费用等，以确保活动的质量和效果。同时，还需要根据预算合理安排各项费用的支出，避免过度浪费或超出预算。

(四)传播推广

酒店需要充分利用各种传播媒介和渠道,如传统媒体、社交媒体等,对活动进行宣传和推广,以提高公众的关注度和参与度。同时,还需要制定传播策略和方案,包括宣传口号、海报设计、活动宣传等,以吸引目标受众的关注和参与。

(五)效果评估

酒店需要评估活动的实际效果,包括媒体报道量、参与人数、业务增长等指标,以了解活动的实际效果和贡献,为后续的公共关系活动提供参考和借鉴。同时,还需要对活动进行总结和反馈,包括收集受众的反馈意见和建议,对活动进行反思和改进。

(六)场地设备

酒店需要确保活动场地和设备符合活动的需求和要求,如场地布置、音响灯光、演示设备等。同时,还需要考虑场地安全和卫生等方面的问题,确保活动的顺利进行和参与者的安全健康。

(七)人员组织

酒店需要组织足够的人力资源,包括活动策划人员、执行人员、礼仪服务等,以确保活动的顺利进行和高质量的执行。同时,还需要对人员进行培训和指导,提高他们的专业素质和服务水平。

(八)时间和进度

酒店需要制定详细的活动时间和进度安排,确保活动的各个环节按照计划进行。同时,还需要考虑意外情况的处理和应对措施,如应急预案、备选方案等。

总之，策划和举办酒店公共关系专题活动需要注意以上多个方面的事项。只有充分考虑并认真执行这些注意事项，才能确保活动的成功和良好的公共关系效果，为酒店的长期发展奠定良好的基础。

第十章

酒店集团化管理

　　服务视角下的酒店集团化管理是指酒店集团通过制定和实施一系列管理政策和措施,实现酒店集团的规模化、标准化、专业化、品牌化发展,提高酒店集团的服务质量和竞争力。随着旅游业的快速发展,酒店业面临着日益激烈的市场竞争。为了在市场中取得优势,许多酒店企业开始寻求集团化发展的道路。酒店集团化管理成为一个备受关注的话题。本章即对酒店集团化管理的相关知识进行研究。

第一节　酒店集团概述

一、酒店集团的含义

酒店集团是一种企业联合体,由多个经营业务互补、有着紧密协作关系的酒店组成。这些酒店通常使用相同的品牌名称,共享一些资源,并共同为集团的发展和增长作出贡献。

酒店集团通常由一个母公司和多个子公司组成,母公司负责管理和监督整个集团的业务运营和发展。子公司则是独立的法律实体,拥有自己的经营和管理团队,但它们会受到母公司的统一管理和指导。

酒店集团的形成和发展通常涉及多个领域和业务范围,如住宿、餐饮、会议、旅游、娱乐等。这些业务领域可以通过共享资源和协同合作来降低成本、提高效率、增加收益,并提高整个集团的市场竞争力。

酒店集团通常在财务管理、人力资源、物资采购、销售渠道等方面进行统一管理和整合,以实现规模化、集约化经营。例如,母公司可以统一制定财务目标和政策,监控子公司的财务状况和预算执行情况;同时也可以统一采购物资和设备,以获得更优惠的价格和质量保证。

总之,酒店集团是一种通过规模化、集约化经营来提高效率和竞争力的企业组织形式。它们通过共享资源和协同合作来扩大业务范围和降低成本,同时也可以提高品牌知名度和客户满意度,从而获得更多的市场份额和收益。

二、酒店集团的特点

酒店集团作为一种企业组织形式,具有以下特点。

(一)规模化经营

酒店集团通过经营多个酒店,实现规模化经营,从而更好地掌握市场,提高市场份额。

(二)品牌化经营

酒店集团通常会建立自己的品牌形象,通过统一的品牌名称、标志和形象来提高品牌知名度和美誉度,吸引更多的客户。

(三)跨地域经营

酒店集团可以在不同的地区开设酒店,实现跨地域经营,从而更好地掌握市场需求,提高业务范围。

(四)多元化经营

酒店集团可以通过拓展业务领域和增加服务项目,实现多元化经营,从而增加收益来源,提高整体竞争力。

(五)统一管理

酒店集团通常由一个母公司进行统一管理,对各个子公司进行协调和指导,确保整个集团的运营和发展能够实现协同效应和资源整合。

(六)资源共享

酒店集团可以实现资源的共享,如人力资源、物资采购、销售渠道等,从而降低成本、提高效率、增加收益。

(七)财务协同

酒店集团可以通过财务协同效应,实现整体财务效益的最大化。例如,母公司可以通过统一融资、调度资金等方式来降低整个集团的财务成本。

三、酒店集团的优势

（一）品牌优势

酒店集团品牌的重要性在于其不仅代表了酒店产品的使用价值,还包括了对顾客的精神感召和顾客对品牌的忠诚度。以下是酒店集团品牌效应的几个关键方面。

1. 品牌识别与忠诚度

酒店品牌的高知名度和良好声誉可以增强顾客对品牌的识别和记忆,从而建立起顾客对品牌的忠诚度。当顾客对某个品牌产生信任和认同感时,他们更可能选择该品牌的酒店进行消费,并愿意为该品牌的酒店支付更高的费用。

2. 品质保证与差异化

酒店品牌可以通过统一的服务标准、设施配置和质量保障,为顾客提供明确的品质保证。同时,品牌可以通过差异化的服务、特色设施和独特的设计风格,满足不同顾客群体的需求,使酒店在市场中脱颖而出。

3. 营销推广与品牌形象

酒店品牌可以通过统一的营销策略和品牌形象宣传,提高品牌知名度和美誉度。通过在广告、促销和公关活动等方面的统一推广,酒店品牌可以树立起独特的形象和声誉,吸引更多的潜在顾客。

4. 品牌价值与溢价效应

强大的酒店品牌可以带来品牌价值,使酒店产品在市场上具备更高的竞争力,从而实现溢价效应。品牌价值不仅体现在酒店产品的价格上,还可以为酒店带来更多的合作机会、特许经营和授权收入等。

5. 吸引投资与提升资本市场表现

强大的酒店品牌可以吸引投资者的关注,提高资本市场对酒店集团的估值和表现。品牌的声誉和形象可以提升酒店集团的竞争力和财务表现,从而为投资者提供更好的回报。

在酒店集团化的经营中,多样化的品牌策略可以满足不同客户的需求,增加市场份额和收益。同时,通过品牌的系列化和扩展,酒店集团可以进一步扩大业务范围,实现规模化经营和持续发展。

(二)管理优势

酒店集团公司的经营管理优势主要包括以下几方面。

1. 统一的经营管理方法和程序

酒店集团公司会为所属酒店提供统一的经营管理方法和程序,包括市场营销、销售策略、客户服务等方面的标准化流程。这些标准和流程的统一可以确保酒店在运营过程中遵循一致的经营理念和管理要求,从而提高整体运营效率和管理水平。

2. 统一的品牌形象和视觉识别系统

酒店集团公司会为所属酒店提供统一的品牌形象和视觉识别系统,包括酒店外观设计、内部装饰、标识系统等。这些标准的统一可以确保酒店在顾客心目中形成一致的品牌形象,增强品牌知名度和美誉度。

3. 统一的服务和管理标准

酒店集团公司会为所属酒店制定统一的服务和管理标准,包括服务流程、质量标准、卫生规范等。这些标准的统一可以确保酒店提供一致的服务质量和体验,满足顾客的期望和需求,并提高顾客满意度和忠诚度。

4. 统一的培训和人才管理

酒店集团公司会为所属酒店提供统一的培训和人才管理,包括员工培训计划、职业晋升通道、绩效评估等。这些标准的统一可以确保酒店员工具备必要的工作技能和管理能力,提高员工的工作效率和服务质量。

5. 统一的市场营销和品牌推广

酒店集团公司会为所属酒店提供统一的市场营销和品牌推广计划，包括广告投放、促销活动、公关宣传等。这些标准的统一可以确保酒店在市场上形成一致的声音和形象，增强品牌影响力和市场竞争力。

通过以上优势，酒店集团公司在管理上占据了优势，能够更好地掌控所属酒店的运营和管理，提高整体效率和竞争力。同时，这种管理模式还可以帮助酒店集团公司实现规模化经营和可持续发展，为顾客提供更好的服务和体验。

（三）技术优势

酒店集团除了提供统一的经营管理方法和程序、品牌形象和视觉识别系统、服务和管理标准、培训和人才管理以及市场营销和品牌推广等方面的支持，还能够向所属酒店提供各种技术上的服务和帮助。以下是一些常见的技术服务和帮助。

1. 技术支持

酒店集团可以向所属酒店提供技术支持，包括技术支持热线、设备维修保养、技术故障排查等方面的服务。这些技术支持可以帮助酒店解决设备故障和技术难题，确保酒店的正常运营。

2. 采购服务

酒店集团可以向所属酒店提供采购服务，包括集中采购、供应商管理、价格谈判等方面的服务。这些采购服务可以帮助酒店降低经营成本，获得更好的价格折扣，提高盈利能力。

3. 数据分析与报告

酒店集团可以向所属酒店提供数据分析和报告的服务，包括经营数据分析、市场调研报告等方面的服务。这些数据分析和报告可以帮助酒店更好地了解市场和顾客需求，制定更有效的经营策略。

4. 营销推广

酒店集团可以向所属酒店提供营销推广的服务,包括广告投放、促销活动、公关宣传等方面的服务。这些营销推广可以帮助酒店提高品牌知名度、吸引更多的顾客,并提高酒店的收益。

5. 人才招聘与培训

酒店集团可以向所属酒店提供人才招聘和培训的服务,包括人才招聘渠道、面试培训、技能培训等方面的服务。这些人才服务和支持可以帮助酒店吸引更多高素质的人才,提高员工的工作能力和素质。

(四)营销优势

酒店集团在资金和人才方面具有优势,因此可以采取多种方式进行广告宣传和营销活动,以下是一些常见的做法。

1. 全球广告宣传

酒店集团可以通过集合各酒店的资金进行全球范围的大规模广告宣传,以下是一些可行的策略和注意事项。

(1)明确宣传目标。
(2)制定统一的广告策略。
(3)选择合适的广告渠道。
(4)制定预算和执行计划。
(5)监测和调整广告策略。
(6)与合作伙伴合作。
(7)考虑文化差异。

通过以上策略和注意事项的考虑,酒店集团可以成功地进行全球范围的大规模广告宣传,提高品牌知名度和美誉度,吸引更多的潜在顾客。

2. 网络营销

酒店集团可以依托互联网等技术开展网络营销,为顾客提供更加便利的服务体验。例如,通过建立酒店集团的官方网站、社交媒体账号等渠道,发布酒店产品信息、提供在线预订、与客户互动等,可以吸引更多的潜在客户和忠诚客户。

3. 客户关系管理

酒店集团可以通过建立客户关系管理系统(CRM),收集和分析客户数据,了解客户需求和行为,提供个性化的服务和营销方案。通过与客户的沟通和互动,可以增强客户忠诚度和满意度,提高客户转化率。

品牌合作与授权:酒店集团可以通过品牌合作和授权等方式,扩展业务范围和市场份额。例如,与其他品牌合作推出联合营销活动、与其他企业合作提供特色服务等,可以增强品牌影响力和竞争力,提高整体收益。

(五)人力资源开发优势

酒店集团在吸引优秀人才和提供培训方面具有以下优势。

1. 品牌影响力

酒店集团作为一种知名的企业组织,其品牌、文化和声誉可以吸引大量的优秀人才加入。酒店集团可以通过其品牌影响力和知名度来吸引求职者的关注,并吸引更多高素质的人才加入。

2. 培训与发展机会

酒店集团通常会为其员工提供各种培训和发展机会。例如,酒店集团可以组织内部培训,包括新员工培训、技能提升培训、管理培训等。这些培训可以帮助员工提升技能和知识水平,提高其综合素质,进而提高工作表现和绩效。酒店集团也可以安排外部培训,如参加行业研讨会、课程培训等。这些培训可以让员工接触到更广阔的行业知识、了解更先进的行业趋势,提升其专业素养和市场竞争力。

通过提供各种培训和发展机会,酒店集团可以帮助员工提升技能和知识水平,提高其综合素质,进而提高工作表现和绩效。同时,这些机会也可以增强员工对酒店集团的忠诚度和信任感,提升酒店集团的竞争力和声誉。

3. 职业发展规划

酒店集团可以提供职业规划,帮助员工制定自己的职业目标和发展计划。这种规划可以帮助员工更好地了解自己的职业方向和目标,同时也可以增强员工对酒店集团的归属感和认同感。

4. 员工福利与待遇

酒店集团通常会提供竞争力的薪酬、福利待遇和工作环境,这可以吸引更多的优秀人才加入,并保留现有的员工。例如,酒店集团可以提供员工培训、晋升机会、绩效奖金、健康保险、退休金等福利,这些可以增强员工的归属感和忠诚度。

5. 团队合作与文化氛围

酒店集团通常会强调团队合作和文化氛围,这可以帮助员工建立良好的人际关系和工作氛围。通过团队合作和沟通,员工可以更好地了解彼此,增强团队凝聚力和协作能力。

综上所述,酒店集团在吸引优秀人才和提供培训方面具有多重优势,这些优势可以帮助酒店集团建立一支高素质、专业化的员工队伍,提高员工的满意度和工作表现,从而为酒店的可持续发展提供有力的人力资源支持。

(六)财务优势

酒店集团的规模经营确实可以充分利用资金,发挥以下优势。

1. 筹资优势

酒店集团可以利用其强大的资金实力和稳定的盈利能力,更容易获得金融机构的信任和资金支持。这使得酒店集团在筹资方面具有优势,可以为所属酒店提供更多的资金支持,促进酒店的快速发展。

2. 信息与推荐优势

酒店集团可以掌握更多的金融机构信息和资源,并且可以根据所属酒店的具体情况和需求,为其推荐合适的贷款机构和合作伙伴。这可以帮助所属酒店在贷款和融资方面更加便利和高效。

3. 规模效应优势

酒店集团可以通过规模化经营，降低各项成本，提高整体盈利能力。例如，通过集中采购、统一采购等方式，可以获得更大的价格折扣和更好的采购条件，降低采购成本；同时，通过规模化经营，可以更好地管理和优化各项资源，提高资源的利用效率。

4. 品牌影响优势

酒店集团可以通过品牌影响力和知名度，吸引更多的客户和合作伙伴。这可以为所属酒店提供更好的市场推广和品牌宣传支持，帮助其扩大市场份额并提高竞争力。

第二节 酒店集团发展历程

我国的酒店集团是在改革开放以后得到迅速发展的。具体来说，我国酒店集团的发展可以分为以下几个阶段。

一、起步阶段（1978—1985）

在这个阶段，我国的酒店集团主要以国有企业为主，如北京饭店、上海锦江集团等。这些酒店主要提供国内外宾客的住宿服务，业务范围相对较小。

二、发展阶段（1986—1995）

随着经济的快速发展和国内旅游市场的逐步开放，一些民营企业和外资企业开始涉足酒店业务。这个时期的国内酒店品牌主要以中低端酒店为主，如如家、汉庭等，主要满足国内旅游市场的需求。同时，外资酒店品牌也开始进入中国市场,如希尔顿、万豪等。

三、扩张阶段(1996—2005)

在这个阶段,随着国内旅游市场的不断扩大和外资酒店集团的进入,我国酒店集团开始加速扩张。国内酒店品牌开始向中高端市场发展,如全季等。同时,外资酒店品牌也在中国市场上迅速扩张,如希尔顿、万豪等。这些外资酒店的进入,进一步推动了我国酒店业的快速发展。

四、转型阶段(2006年至今)

在这个阶段,随着市场竞争的加剧和消费者需求的不断变化,我国酒店集团开始注重品牌建设、服务质量提升和模式创新。一方面,一些酒店品牌开始推出定制化服务,如亚朵、美居等;另一方面,一些酒店品牌开始探索共享经济模式,如小猪短租、蚂蚁短租等。

同时,随着互联网和移动互联网的发展,我国酒店集团也开始注重数字化转型。许多酒店品牌开始推出在线预订、移动支付等服务,以满足消费者的数字化需求。此外,一些酒店品牌也开始关注社会责任和可持续发展,采取环保、节能等措施,为客人提供更加健康、环保的住宿环境。

此外,我国酒店集团也在探索新的商业模式。例如,一些酒店品牌开始涉足电商领域,通过销售特色商品、推广当地旅游资源等方式来增加收入。此外,一些酒店集团也开始与旅游平台合作,推出联合营销和定制化旅游产品,以满足不同客群的需求。

总之,在改革开放以来的几十年里,我国酒店业经历了不断的变革和发展。从最初的国有企业到现在的多元化品牌和市场格局,我国酒店业已经取得了巨大的进步。未来,随着技术的不断进步和市场的不断变化,我国酒店集团将继续创新和发展,为消费者提供更好的服务和体验。

第三节 酒店集团化管理的模式

一、委托管理

委托管理是酒店集团常用的一种管理模式,是指酒店业主与第三方管理公司签订委托管理协议,由管理公司对酒店进行日常管理和运营。

(一)委托管理的特点

1. 管理权委托

酒店业主将酒店的经营管理权委托给第三方管理公司,由管理公司对酒店的日常运营进行管理和决策。

2. 品牌授权

管理公司通常会授权酒店使用其品牌,以提高品牌认知度和市场影响力,从而吸引更多的客人和投资者。

3. 管理和运营分离

管理公司负责酒店的日常管理和运营,包括人员招聘、培训、营销等方面的管理和协调,而酒店业主则负责酒店的财务和投资决策。

4. 费用支付

酒店业主通常需要向管理公司支付一定的管理费用,包括基本管理费、奖励管理费等。

5. 合作共赢

委托管理可以提供酒店业主和管理公司之间的合作平台,实现共赢的合作关系。

(二)委托管理的优点

1. 专业管理

委托管理公司可以提供专业的酒店管理和运营服务,确保酒店的运营质量和效率。

2. 品牌效应

委托管理公司通常拥有知名的酒店品牌和成熟的市场营销经验,可以帮助酒店吸引更多的客人和投资者。

3. 管理和运营分离

委托管理公司可以专注于酒店的日常管理和运营,而业主则可以专注于投资和财务管理。

4. 降低成本

委托管理公司可以提供专业的酒店管理和运营服务,有助于降低酒店的成本和费用。

5. 风险控制

通过委托管理,业主可以将风险和管理责任转嫁到管理公司身上,降低自身的风险和责任。

(三)委托管理的缺点

1. 管理费用高

委托管理公司需要支付一定的管理费用,增加了酒店的成本和费用。

2. 利润分成

委托管理公司通常会与业主分享酒店的利润,导致业主的收益降低。

3.管理决策受限制

由于委托管理公司通常拥有酒店的管理权和决策权,业主在某些方面可能受到限制和管理约束。

4.管理风险

由于委托管理公司负责酒店的日常管理和运营,如果管理公司出现问题或经营不善,会对酒店造成影响和损失。

二、特许经营

特许经营是一种商业经营模式,指特许人授权给被特许人使用其商标、产品、服务、营销等方面的专有知识和经验,是被特许人在自有场所内经营的一种商业模式。

(一)特许经营的特点

特许经营的特点主要包括以下几方面。

1.知识产权授权

特许人将其知识产权授权给被特许人使用,包括商标、产品、服务、营销等方面的专有知识和经验。

2.经营模式复制

被特许人按照特许人的经营模式和标准进行经营活动,包括产品和服务的质量、价格、营销等方面的管理和运营。

3.品牌授权

特许人通常授权被特许人使用其品牌,以提供品牌认知度和市场影响力,从而吸引更多的消费者和投资者。

4.费用支付

被特许人通常需要向特许人支付一定的特许费用,包括加盟费、保证金、管理费等。

5. 合作共赢

特许经营可以提供特许人和被特许人之间的合作平台，实现共赢的合作关系。

(二)特许经营的优点

1. 品牌效应

特许人通常拥有知名的品牌和成熟的市场营销经验，可以帮助被特许人吸引更多的消费者和投资者。

2. 经营模式复制

被特许人可以复制特许人的成功经营模式，从而降低自身的经营风险和管理难度。

3. 培训和支持

特许人通常会为被特许人提供培训和支持，包括技术培训、管理培训、市场推广等方面的支持和协调。

4. 降低成本

特许人通常会提供集中采购和供应链管理等服务，可以帮助被特许人降低成本和费用。

5. 风险控制

通过特许经营，被特许人可以获得特许人的支持和帮助，从而降低自身的风险和责任。

(三)特许经营的缺点

1. 费用较高

被特许人需要支付一定的特许费用，这种经营模式增加了经营成本和风险。

2. 经营限制

由于被特许人需要按照特许人的经营模式和标准进行经营活动,可能存在经营限制和管理约束的问题。

3. 竞争压力

由于市场上存在多个品牌的特许经营店,可能存在竞争压力和市场份额的问题。

4. 品牌形象维护

由于特许人授权给多个被特许人使用其品牌,可能存在品牌形象维护和品牌价值下降的问题。

三、租赁管理

租赁管理是酒店集团化管理的模式之一,它是指酒店集团通过签订租约并缴纳一定租金的形式获得一定时间内的酒店所有权,并对酒店进行管理和运营。在租赁管理模式中,酒店集团作为承租方,需要承担一定的经营风险和管理成本,但同时也能够获得酒店经营的收益。

在长期租赁的情况下,酒店集团通常需要承担更新固定资产的责任和费用,这些费用可能会在租约中预先规定。在土地租赁的情况下,酒店集团需要投资建造酒店建筑物、购买设施设备和家具等,并承担土地租赁期限内的相关费用和风险。

在租赁管理模式中,酒店集团的经营风险主要来自市场需求、竞争、管理成本等因素的影响。如果市场需求下降或者竞争加剧,可能会导致酒店的收益下降,进而影响酒店集团的经营成果。此外,如果酒店管理成本过高或者管理不善,也可能会对酒店的收益和经营成果产生负面影响。

然而,租赁管理也有其优点。通过租赁管理,酒店集团可以获得稳定的租金收益,同时也可以利用租赁资产进行投资和经营,实现资产增值和经营收益的双重目标。此外,租赁管理还可以帮助酒店集团降低投资风险和经营成本,提高经营效率和盈利能力。

总之,租赁管理是一种有效的酒店集团化管理方式,但需要综合考虑市场需求、竞争、管理成本等因素的影响,以及自身的投资需求和风险承受能力进行决策和管理。

四、带资管理

带资管理是一种酒店集团化管理方式,通过直接或间接的投资方式来获取酒店经营管理权,并对下属酒店的各个方面进行统一管理。在带资管理模式中,酒店集团既是各酒店的经营者,又是拥有者,可以投资建造酒店,也可以购买、兼并酒店。

(一)带资管理的优点

带资管理的优点包括以下几方面。

1. 节约成本

由于同一集团下的各酒店可以共享资源,如采购系统、预订网络、财务制度等,可以节约成本,提高经营效率。

2. 形成独立的管理风格

酒店集团可以通过对下属酒店的统一管理,形成自己独特的管理风格和品牌形象,提高酒店的市场竞争力和品牌价值。

3. 快速扩张

由于酒店集团可以同时拥有和经营数家酒店,快速扩张市场份额,提高品牌知名度和影响力。

(二)带资管理的缺点和风险

带资管理也存在一些缺点和风险,主要包括以下几方面。

1. 投资风险较大

由于酒店集团各酒店隶属于同一法人,在集团经营过程中,由于资产的连带关系,集团投资经营风险较大。

2. 税率较高

由于同一家公司下的数家酒店属于同一法人,在计算所得税时若采用递进制,往往税率较高。

总之,带资管理是一种有效的酒店集团化管理方式,可以通过投资和经营实现资产增值和经营收益的双重目标。然而,也需要注意投资风险和税率问题,以及结合自身实际情况进行决策和管理。

五、联销经营

联销经营是一种管理模式,是指众多单体经营管理的酒店通过付费参加共享资源的服务项目,包括联合采购、联合促销、联合预订、联合培训、联合市场开发、联合技术开发等,从而实现资源共享、降低成本和增加市场份额等目标。

(一)联销经营的优点

联销经营有以下优点。

1. 资源共享

通过联合采购、促销、预订、培训、市场开发、技术开发等共享资源的服务项目,各酒店可以节约成本和时间,实现资源共享,提高经营效率和盈利能力。

2. 扩大市场份额

通过联销经营,酒店集团可以形成规模优势,增加市场份额,提高品牌知名度。

3. 增加品牌价值

联销经营可以促进品牌建设,提高品牌价值和竞争力。

4. 促进技术创新

通过联合技术开发,各酒店可以共同研究开发新技术和产品,提高技术水平和创新能力。

5. 提高服务质量

联销经营可以通过共享培训资源和经验,提高员工素质和服务质量,提高客户满意度和忠诚度。

(二)联销经营的缺点

1. 管理难度大

由于各子酒店之间保持相对独立的关系,酒店集团可能面临管理难度增加的问题。各子酒店可能存在不同的经营策略、品牌形象和市场定位,这可能导致集团在协调和管理上存在困难。

2. 资源重复投入

由于各子酒店独立经营,可能会出现资源重复投入的情况,如营销费用、人力资源等方面的重复投入,这可能降低整体效率和利润。

3. 竞争压力大

各子酒店之间在市场竞争中可能存在内部竞争,这可能导致资源的浪费和利润的下降。

需要注意的是,联销经营需要各酒店之间建立紧密的合作关系,加强沟通和协调,以确保资源共享和服务质量的一致性。同时,也需要制定合理的费用分摊和收益分配机制,以平衡各酒店的利益和风险。

参考文献

[1] 邓爱民,张若琳.酒店管理[M].北京:中国旅游出版社,2017.

[2] 刘名俭,唐静.饭店管理[M].武汉:华中科技大学出版社,2009.

[3] 钟志平,李应军,黄丽媛.饭店管理概论[M].北京:旅游教育出版社,2011.

[4] 李若凝,孙刘伟,常卫锋,等.饭店管理[M].北京:机械工业出版社,2012.

[5] 田华,凌志刚,仪勇,等.现代酒店管理学[M].北京:北京师范大学出版社,2012.

[6] 李妍.现代酒店管理基础[M].北京:中国人民大学出版社,2015.

[7] 牟昆,王林峰.饭店管理概论[M].北京:电子工业出版社,2009.

[8] 李明宇,牟昆,李容树,等.饭店康乐服务与管理[M].北京:北京交通大学出版社,2013.

[9] 邵小慧,雷石标,雷凯华,等.酒店市场营销[M].北京:北京师范大学出版社,2011.

[10] 王天佑,张威.饭店管理概论[M].北京:北京交通大学出版社,2015.

[11] 李明宇.饭店康乐服务与管理[M].北京:清华大学出版社,2016.

[12] 蒋丁新.酒店管理概论[M].沈阳:东北财经大学出版社,2000.

[13] 赵伟丽.饭店市场营销[M].长春:吉林教育出版社,2009.

[14] 赵伟丽,刘天飞.酒店市场营销[M].北京:北京大学出版社,2011.

[15] 叶鹏,罗莜霖,沈华玉,等.现代酒店经营管理实务[M].北京:

清华大学出版社,2010.

[16] 人力资源和社会保障部教材办公室组织.酒店管理师 三级 [M].北京：中国劳动社会保障出版社,2009.

[17] 陆慧,石斌,牟坤.现代酒店管理概论 第2版 [M].北京：科学出版社,2013.

[18] 张丽靖,李莉,张天竹.饭店管理 [M].哈尔滨：哈尔滨工程大学出版社,2016.

[19] 王爱民,张素罗.管理学原理 [M].成都：西南财经大学出版社,2008.

[20] 王秋明.酒店市场营销实务 [M].北京：清华大学出版社,2013.

[21] 徐文苑,王珑,窦慧筠.酒店经营管理 [M].广州：广东经济出版社,2006.

[22] 贺友桂,李明飞.酒店管理理论、方法与案例 [M].北京：中国经济出版社,2014.

[23] 朱坤莉.酒店管理600问 [M].北京：中国物资出版社,2007.

[24] 姚建中.现代酒店管理理论、实务与案例 [M].北京：旅游教育出版社,2015.

[25] 郑向敏.酒店管理 [M].北京：清华大学出版社,2005.

[26] 吕建中.现代旅游饭店管理 [M].北京：中国旅游出版社,2004.

[27] 郭剑英,孙萍.旅游饭店管理 [M].北京：化学工业出版社,2010.

[28] 马海龙.饭店管理导论 [M].银川：宁夏人民教育出版社,2016.

[29] 李辉作,于涛.酒店经营与管理 [M].北京：中国发展出版社,2009.

[30] 魏卫,李玺,周霄,等.酒店管理概论 [M].武汉：华中科技大学出版社,2019.

[31] 金丽娟.饭店管理实务 [M].北京：北京大学出版社,2013.

[32] 游上,梁海燕.酒店管理概论 [M].北京：高等教育出版社,2017.

[33] 陆慧.现代饭店管理概论 [M].北京：科学出版社,2005.

[34] 阿依古丽·依不拉音.饭店服务汉语 [M].乌鲁木齐：新疆人民出版社,2007.

[35]杜建华.饭店管理概论 第2版[M].北京:高等教育出版社,2009.

[36]尹华光.酒店管理概论[M].长沙:湖南大学出版社,2017.

[37]徐桥猛.现代酒店管理[M].北京:高等教育出版社,2004.

[38]孟庆杰,马桂顺,周广鹏.饭店管理理论与实务[M].北京:清华大学出版社,2013.

[39]沈建龙.酒店管理实务与技巧[M].北京:高等教育出版社,2007.